Franziska Dannheim

franzi geht dann heim

Eine autobiografische Wanderung auf der Suche nach Heimat

360° medien

IMPRESSUM
franzi geht dann heim – Eine autobiografische Wanderung auf der Suche nach Heimat
Franziska Dannheim

Bibliografische Information der Deutschen Bibliothek
Die Deutsche Bibliothek verzeichnet diese Publikation in der deutschen Nationalbibliografie.
Detaillierte bibliografische Daten sind im Internet über www.dnb.de abrufbar.

Redaktion und Lektorat: Christine Walter

Satz und Layout: Elke Gräfe, Marc Alberti

Gedruckt und gebunden:
LD Medienhaus | Hansaring 118 | 48268 Greven | ld-medienhaus.de

Bildnachweis: Alle Bilder sind von Franziska Dannheim, außer Seite 76: Christian Walter, Seite 133 o: Membeth, CC0, via Wikimedia Commons, Seite 170: Jean Pierre Hamon, CC BY-SA 3.0

ISBN: 978-3-947944-16-3
Hergestellt in Deutschland

360grad-medien.de

Franziska Dannheim

franzi geht dann heim

Eine autobiografische Wanderung
auf der Suche nach Heimat

360° medien

Zum Aufbau

Im Prolog habe ich sämtliche Blogartikel zur Vorbereitung meiner Wanderung zusammengefasst.

Die anschließenden zehn Kapitel entstanden jeweils am Pausentag, den ich alle fünf bis acht Tage eingelegt habe. Jedes Kapitel wird von einem kleinen Resümee eingeleitet. Im Anschluss folgen die Berichte zu den jeweiligen Tagesetappen, wie ich sie mir erwandert habe und in meinem Blog und in den Sozialen Medien geteilt habe.

Für dieses Buchprojekt habe ich weitere Gedanken und Episoden aus meinem handschriftlichen Tagebuch aufgegriffen, sowie aus dem kleinen Notitzbüchlein, das immer direkt griffbereit in meiner Hüfttasche wartete und zeitweise auch Container für Blüten und andere zarte Fundstücke wurde.

Im Epilog gibt es einen zwischenzeitlichen Rückblick, ein vorläufiges Resümee, da sich viele Themen, offene Fragen und Gedankenschlaufen Tage, Wochen und Monate nach meinem Zieleinlauf noch einmal anders präsentierten oder aber schlicht ein- und aufgelöst haben.

Das hier vorliegende Buch ist nun eine Gesamtüberarbeitung aller Komponenten und durch den Filter der an die Wanderung anschließende Reflexionszeit moduliert.

Franziska Dannheim im September 2024

Meinem Papa eingedenk

Inhaltsverzeichnis

Prolog

Ich liebe Langstrecke.
Diesen Satz kann ich einfach mal so stehen lassen. Ich liebe Langstrecke. Wandern. Laufen. Auf meinen beiden Füßen in wechselndem, aber stetem Kontakt zum Boden, zu Mutter Erde.

Das war schon immer so. Gerne bin ich schon als recht kleines Kind im Morgengrauen aus dem Bett gekrabbelt, wenn ich die leisen Schritte und Vorbereitungshandgriffe meines Vaters auf dem Flur hörte. Los ging's bei Dunkelheit. Im Rucksack Käsebrot und Apfel und eine Aluflasche mit langweiligem Früchtetee, der später unterm Gipfelkreuz zur köstlichsten Limonade mutierte.

Rollschuhlaufen war eine weitere große Leidenschaft meiner Kinder- und Jugendtage. Doch schon das Fahrradfahren war – und ist – mir eigentlich zu schnell. Jetzt ist es raus: Ich bin langsam und ich liebe die Langsamkeit. Weil ich beim Gehen länger etwas von der mich umgebenden Schönheit habe. „Ich gehe, also bin ich."

Zurück zur Langstrecke: Im Jahr 2019 habe ich die Alpen überquert. Allein auf dem E5, von Oberstaufen bis Verona. Fünf Wochen. Ein großes und aufregendes Abenteuer, das ich ab Bozen auch ein Stück weit für meinen Vater gelaufen bin, weil diese Strecke seinerzeit noch nicht in der heutigen Form ausgebaut war. Und später ging es für ihn dann nicht mehr. Das gemahnt mich einmal mehr daran: Tu, was du willst und tu es JETZT.

Ich lebe nun seit 30 Jahren im Ruhrgebiet, in Essen – mehr als die Hälfte meines Lebens in Nordrhein-Westfalen. Geboren bin ich in Tübingen, aufgewachsen erst in Entringen, dann in Stuttgart, bin also Schwäbin. Das hört man auch bis heute, wenn „I d' Gosch uffmach".
Die stabilste und prägendste Zeit führt mich immer wieder an den oberbayrischen Schliersee, an dem mein Urgroßvater vor hundert Jahren ein Haus an den See baute. Schöner geht es eigentlich nicht: vorn die beginnenden Alpen, hinten der See. Und bei alldem treibt es mich immer wieder um: Wo ist meine Heimat? Wo komme ich her und wo will ich hin?

Diesen Fragen will ich durch eine Art „autobiografisches Wandern" auf die Spur kommen. Meine ausgewählte Route führt mich vorbei an entscheidenden Stationen meines bisherigen Lebens. Nicht nur vom aktuellen Wohn- über Geburts-

zum Sehnsuchtsort.
Gemeinsam mit der wunderbaren Illustratorin Karolina Golightly, mit der ich schon unsere „Rosepin“ in die sichtbare Welt gebracht habe, assoziierten wir wild und fröhlich, wie so eine Landschaft aussehen könnte, welchen Komponenten Wichtigkeit eingeräumt werden könnte. Dabei ist dann dieses bezaubernde Wander-Emblem herausgekommen, das ich mir direkt auf mein Reise-Schlaf-Hemdchen habe drucken lassen.

Wander-Emblem von Karolina Golightly

Auf dem Weg wird aber auch ein Teil der Familiengeschichte abgelaufen, wie zum Beispiel in Wuppertal-Barmen, wo mein Urgroßvater väterlicherseits Rektor der Volksschule war. Oder durch Gomadingen, das ich vage und in ferner Erinnerung mit meinen Großeltern mütterlicherseits in Verbindung bringe.
„Geh aus, mein Herz, und suche Freud!“ Volkslieder habe ich natürlich im musikalischen Reisegepäck.

Ich starte am 24. Juni – nicht von ungefähr am Johannistag – in Essen an der „Heimlichen Liebe“, einem Gartenlokal am Baldeneyer Berg, quasi an meiner Haustür. Hier beginnt der Bergische Weg. Wann ich genau auf den Jakobsweg wechsle, ob kurz vor Köln oder kurz nach Köln, das habe ich noch nicht entschieden. Dann geht es weiter den Rhein entlang über Bingen bis Speyer. Dort überquere ich den Rhein und kreuze nach Pforzheim auf den HW5, der mich durch den Schwarzwald und über die Schwäbische Alb bis ins Allgäu führt, um dann auf den Maximiliansweg, auf dem E4 an der Alpenkette entlang ostwärts an den Schliersee zu laufen. Ungefähr 1000 Kilometer in zwei Monaten habe ich dafür grob ausbaldowert.

Ein schöneres Begrüßungstor kann es nicht geben

Wie viele Orte kenne ich bisher nur von Autobahn-Abfahrtsschildern?!

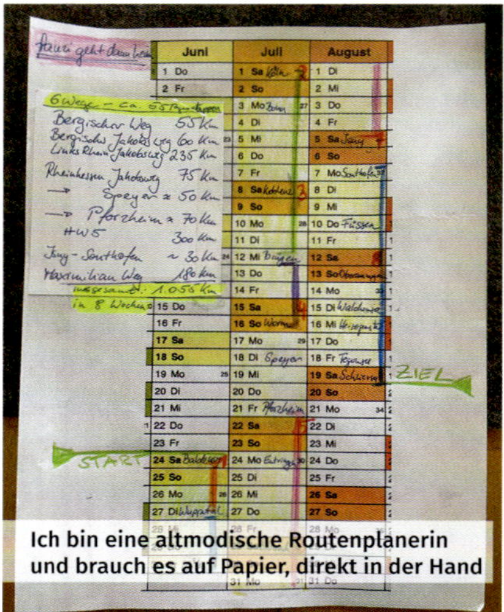

Ich bin eine altmodische Routenplanerin und brauch es auf Papier, direkt in der Hand

Ich bin selbst ganz verblüfft, wie schnell ich die Route im Groben beisammen habe, dass meine Wunschorte also alle entlang dieser drei, eigentlich ja vier gut ausgebauten Wanderwege liegen. Es soll alles so sein, alles fügt sich – das werde ich im Laufe der ganzen Aktion immer wieder feststellen.

Es macht mich so glücklich, diese unterschiedlichen Abschnitte, die verschiedenen Etappen zu planen. Mein kühnes Vorhaben nimmt mehr und mehr Gestalt an. Ich weiß jetzt recht genau, wie viele Tagesetappen ich auf welchem der anvisierten Wanderwege laufen werde. Je nach Steigung sollen es zwischen zehn und 20 Kilometer pro Tag werden.

Und dann – trotz und nach und während immer detaillierterer Planung – kommt plötzlich alles anders: Im Frühjahr 2023 wird es still im Hause Dannheim. Erst Corona und in der Folge ein Multi-Infekt, der mich nachhaltig aus der Bahn schießt. Von wegen: Dannheim mag es langsam. Nichts da. Zack! Kehlkopfentzündung. Während eines Konzerts verabschiedet sich die Stimme auf offener Bühne und vor Publikum. Dann war es still – sehr lange sehr still.

Innen drin tobte die Frage: Welche Bestimmung hat die Sängerin ohne Stimme? Die Suche nach der Bestimmung läuft unweigerlich über die Besinnung. Also habe ich mich besonnen – trotz und mit Schatten auf dem Gemüt.

Die Liebe zur Natur, zu den Pflanzen, zu den Tieren, zu den Bergen, zu den Wäldern – ja, das war schon immer so. Es gibt darüber mehrere Familienlegenden, und diese eine mag ich besonders:

Es war einmal eine kleine Franzi, die wohnte mit ihrer Familie am Rande des Dorfes Entringen im schönen Ammerbuch; letztes Haus des Weges mit dem schönen Namen „Rosengarten“, danach nur Weiden und Wald. So soll es sich einst zugetragen haben, dass Klein-Franzi im zarten Alter von zwei Jahren, quasi krabbelnd, den Garten verließ, um auf der gegenüberliegenden Weide in der riesigen Schafherde zu verschwinden.

Nach langer elterlicher Suche und mit Blick vom Balkon in der ersten Etage aus entdeckte man das Kind. Ein Zugriff war leider nicht möglich. Die Schafherde wurde von vier Hunden bewacht, die keine Näherung erwachsener Menschen duldeten. Klein-Franzi war als krabbelnde, quasi Vierbeinerin im kindernaiven Schäfchenmodus wohl unter dem Radar durchgekrochen.

Es ist nicht überliefert, wie ich dann wieder nach Hause kam, aber ich bin es – offenkundig. Und seither ist es klar und kein Geheimnis: Ich rede mit den Blumen und den Bergen, mit den Vögeln und Blindschleichen, manchmal auch mit Wölfen im Schafspelz.
Franziska ist mein Name – mein Schutzpatron ist der Heilige Franz von Assisi.
Rückblickend kann ich sagen, dass der Umzug vom Land in die Stadt sehr prägend – ich möchte fast sagen traumatisierend war – und ich weiß um die derzeitige Überstrapazierung des Begriffs Trauma. Dennoch bleib ich dabei: die Schnelligkeit, der Lärm und Gestank einer Stadt, das gezähmte bis geschunden verdreckte Grün. All diese Aspekte sind es, die mich auch heute noch anstrengen.

Kurzreflexion über das Wort „Anstrengen“ – Strenge steckt darin. Ich assoziiere weiter: anstrengen, kämpfen, suchen. Ich will das nicht mehr. Ich will jetzt finden. Selbst wenn es darauf hinausläuft, mich selbst neu zu erfinden.
Es ist also schnell klar, dass ich dafür eine besondere Auszeit brauche. Langstrecke. Schritt für Schritt über Feld, Wald, Wiesen und Berge meine neuen Wege erlaufen, erkunden, ja, zum Teil auch ein Stück weit „erfahren“ – mit dem Bus, dem Zug, dem Schiff oder der Gondel.
Komme, was da wolle, ich werde aufbrechen. Und wenn ich es nur bis Velbert schaffe, egal. Der Aufbruch wird durchgezogen. Aufbrechen. Das Aufbrechen von alten Strukturen. Um Neues zu wagen. Aber was?

„In ein volles Glas kannst du nichts einschenken.“ So ähnlich lautet die Antwort eines Meisters zum Entsetzen seines ungeduldigen Schülers, weil er diesem zur schlichten Demonstration die Teetasse weit übers Überlaufen hinaus immer weiter begießt. Soll heißen, um Ruhe und Klärung und vielleicht auch Raum für Neues zu finden, sollte man sich erst mal leer machen.
Was ist, wenn man sich von dem Alten nicht unbedingt freiwillig trennen will? Wohin das Alte gießen? Was damit düngen? Welchen neuen Abzweig einschlagen? Welche neue Landkarte auswählen? Welchen Rat annehmen?
Wechsel ist immer aufregend. Man denke nur an Zahnwechsel, Schulwechsel, Fachwechsel und Wildwechsel! Von wo nach wo?

Es tut gut zu wissen, wo man steht oder wohin die Reise geht, im real pragmatischen wie im übertragenen Sinn: per Kompass. Wenn man mal nicht mehr so genau weiß, wohin was trägt, dann ist so ein kleiner, fester, realer Gegenstand in der Hand sehr wohltuend, und meiner leuchtet sogar im Dunkeln!
Ich habe ihn irgendwann in einem kleinen Optik-Geschäft in Wismar gefunden. Es gibt kaum mehr analoge Kompasse – ja so lautet der Plural – zu kaufen.

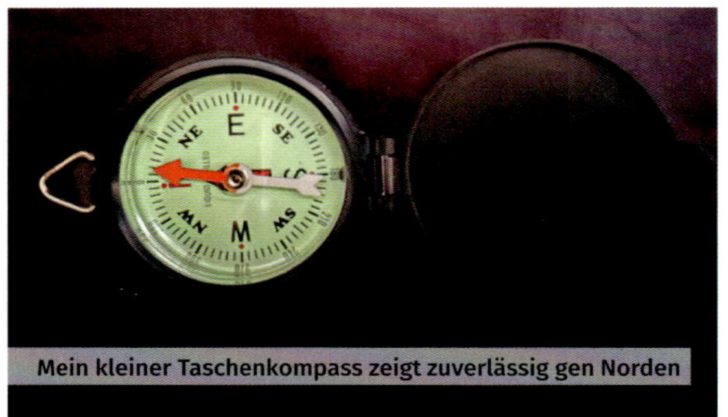

Mein kleiner Taschenkompass zeigt zuverlässig gen Norden

„Ist doch in jedem Handy“. Will ich aber nicht. Amazon nutze ich nicht, und Sinnfragen sollte man meines Erachtens nicht im World Wide Web navigieren. Dieser schlichte Kompass war ganz hinten in einer Schachtel unter dem Ladentresen versteckt und schon lange nicht mehr im Kassensystem. Nachdem er dank trüber Erinnerung und ausdauernder Suche des Verkäufers endlich wieder das Tageslicht erblickt hatte, durfte ich ihn gegen eine adäquate Spende in die Kaffeekasse mein Eigen nennen.

Nun folgen ein paar Gedanken zum Tournamen.
Als ich im Spätsommer 2022 kühn zwei Monate in meinem Spielkalender gesperrt habe, weil meine Sehnsucht nach Langstrecke wieder so groß war, stand als Erstes eigentlich der Titel zur Tour fest. Noch vor der konkreten Route:
franzi geht dann heim.
Natürlich ist das in erster Linie ein franzitypisches Wortspiel. Und ich habe schon mehrere Projektüberschriften mit meinem Namen erfunden. „Dann-heim-Spiele“ war eine Konzertreihe im Stuttgarter Wilhelma Theater. Mit dem „Dann heim leuchten“ als monatliche Veranstaltungsreihe haben wir den Gewölbekeller des Alten Bahnhofs Kettwig als neuen Veranstaltungsort eingeweiht.
Nun also „franzi geht dann heim“. Die eigenwillige Tiefgründigkeit wird sich auf meinem Weg immer wieder in ihrer Vielschichtigkeit zeigen. Bestenfalls komme ich dabei zur Besinnung, zur Bestimmung oder einfach wohlbehalten an. Und dann sehen wir weiter: Stimme, Stimmung, Bestimmung, Verstimmung, Zustimmung, Abstimmung, Umstimmung ... stimmt alles – alles zu seiner Zeit.

Einst hat dieser Hut den Kopf meines Großvaters bedeckt. Und heute ziert ihn mein selbst geknüpftes Hutband. Im stillen und zurückgezogenen Monat Mai habe ich in jeden einzelnen Knoten dieses Bandes ein Gebet geknüpft und dabei über viele Stunden sinniert, wie es wohl weitergeht, mit oder ohne Stimme. Ich erinnere mich an mein mir selbst verschriebenes Jahresmotto für 2023: „In der Ruhe liegt die Kraft“. Ich hatte wirklich nicht damit gerechnet, dass es so schnell so ruhig wird. Wieder einmal ein Ansporn, sich genau zu überlegen und zu definieren, was man sich wünscht.

Beim Trainingsgang entdecke ich dieses entzückende „Tandem“. Die zwei Tierlein verbinden mein Motto auf bezaubernde Weise. Ich bin so dankbar, derart zur Langsamkeit – auch beim Spazieren – gezwungen worden zu sein, dass ich die beiden am Wegesrand entdecken konnte und durfte: „Langsam geht's glück-aufwärts!“ kommt mir in den Sinn. Kein Zufall, sondern synchron.

Voilà, da ist er: mein Wanderhut für diesen besonderen Sommer 2023

Juni, Zeit der Kirschen. Vielleicht liegt es daran, dass mein Geburtstag in diesem Monat liegt und ich viele Erinnerungen an prall saftige Kirschen zu diesem Tag habe. Möchte fast sagen, sie sind meine Lieblingsfrüchte, neben Johannisbeeren, aber bitte nur den schwarzen. Die reifen ebenfalls in diesem Monat. Der 24. Juni ist als Tag meines Aufbruchs nicht von ungefähr gewählt. Es ist der Johannistag, Geburtstag des Heiligen Johannes des Täufers, im Jahreskreis genau gegenüber von Weihnachten, der Geburt Jesu und des neuen Lichts. Sollte ich verschweigen, dass dann, wenn ich vielleicht sogar mit Johannisbeeren und Kirschen in meiner Vesperdose zum Wandern aufbreche, der längste Tag des Jahres mitsamt der anschließenden Mittsommernacht bereits vorüber ist, und die Nächte wieder länger werden? Es ist ein stetes Kommen und Gehen und meine persönliche Kirschenzeit kommt jetzt, bricht jetzt an, jawoll!

Eine geschickte Mitfahrgelegenheit – klarer Fall von Glücksschneck

Ob mit mir „gut Kirschen essen ist“, das sollen andere überdenken. „Le temps des cerises“ assoziiere ich französisch-frei und dabei fällt mir unweigerlich der Song von Carla Bruni ein: „Le temps perdu“. Ich liebe die beiden ersten Platten

Eine Exklusiv-Kirsche zwischen Blumenfranz und Wildrose

von ihr. Das Lied von der Zeit der Kirschen und der Rosen begleitet mich. Kirschen haben so etwas Lustvolles, sich selbst Genügendes, sind schiere Fülle, sorglose Freude, des Lebens Süße – ach, ich könnte wohl noch stundenlang über die Kirsche sinnieren.

Den Rucksack habe ich in schierer Vorfreude schon einmal gepackt, um sein Gewicht im Blick zu behalten. Mehr als zehn Kilogramm möchte ich nicht tragen, nicht über 50 Tage, nicht über 1000 Kilometer. Die Ausrüstung will also achtsam ausgewählt sein. Stock und Hut sind obligatorisch. Ich habe einmal gelesen, dass einen so ein Hut nicht nur vor Regen und Sonnenschein schützt, sondern auch im weiteren Sinn vor unangenehmen Einwirkungen. Und ehrlich: Als ich diesen frischverhandelten Großvaterhut erstmals köpflings durch den Wald trage, geht es mir wirklich gut – mit Hut!
Das liegt vielleicht auch daran, dass ich von jedem Tag zum nächsten gerade endlich wieder kräftiger, ausdauernder und heiterer werde. „Auf der Hut" fällt mir spontan dazu ein, und darüber werde ich beim nächsten Trainingsgang sinnieren. Schließlich gilt es, erst längs und dann quer durch vier Bundesländer und einen kleinen Fitzel Österreich zu pilgern (durchs Tannheimer Tal – Zufall, hab nicht danach gesucht, ehrlich!), in und zwischen den unterschiedlichen Bedeutungsebenen zu wandern, zu wandeln.
Wie wunderbar, dass das Verb „wandeln" zum einen den Zustand leicht enthobenen Flanierens beschreibt, wie eben auch die Änderung, die Wandlung, die vielleicht damit einhergeht.

Wie ich meine Gedanken hier nun recht zügellos wandern und wandeln lasse, kommt mir unweigerlich ein Gedicht in den Sinn. Es begleitet mich (und viele, viele andere Menschen) bereits ein Gutteil meines Lebens. Ja, es wurde bis an die Grenze des Erbrechens oft zitiert – vor allem Zeile neun und zehn, die aber aus dem Zusammenhang gerissen so viel Tiefe entbehren und zum Kalender-Abreißblatt-Zuckerl verkommen sind.
Hier und jetzt ist Raum, schaffe ich Raum, für alle zweiundzwanzig Zeilen von Hermann Hesses Gedicht „Stufen":

Wie jede Blüte welkt und jede Jugend
Dem Alter weicht, blüht jede Lebensstufe,
Blüht jede Weisheit auch und jede Tugend
Zu ihrer Zeit und darf nicht ewig dauern.
Es muß das Herz bei jedem Lebensrufe
Bereit zum Abschied sein und Neubeginne,
Um sich in Tapferkeit und ohne Trauern
In andre, neue Bindungen zu geben.
Und jedem Anfang wohnt ein Zauber inne,
Der uns beschützt und der uns hilft, zu leben.

Wir sollen heiter Raum um Raum durchschreiten,
An keinem wie an einer Heimat hängen,
Der Weltgeist will nicht fesseln uns und engen,
Er will uns Stuf' um Stufe heben, weiten.
Kaum sind wir heimisch einem Lebenskreise
Und traulich eingewohnt, so droht Erschlaffen;
Nur wer bereit zu Aufbruch ist und Reise,
Mag lähmender Gewöhnung sich entraffen.

Es wird vielleicht auch noch die Todesstunde
Uns neuen Räumen jung entgegen senden,
Des Lebens Ruf an uns wird niemals enden,
Wohlan denn, Herz, nimm Abschied und gesunde!

Fränzchenklein geht allein in die eine Welt hinein Stock und Hut stehen ihr gut, ist auch wohlgemut

Diese Stufen werden in den Zeilen elf bis vierzehn thematisiert. Ich gebe zu, dass mich diese vier Zeilen lange verunsichert, ich möchte fast sagen geängstigt, haben. Ich bin diejenige, die die Frage nach der Heimat stellt, die sich auf die Suche macht und ihrer Wanderung dies zur Überschrift macht: franzi geht dann heim. Wo ist denn daheim? Was ist Heimat? Laut Hesse könnte ich diesen Schritt auch überspringen, da es gemäß seiner gedanklichen Verdichtung darum geht, sich in keiner Heimat zu verhaften. Wieder ein spannender, dannheimlicher Gedankensprung: verhaften – ankleben oder ins Gefängnis kommen? Aktiv oder passiv?

Gerade beginnt eine neue Mondphase. Neumond. Dunkel. Was wünsche ich mir für diese Reise, für diesen neuen Zyklus, der nun beginnt? Welchen Ballast will ich hinter mir lassen, nicht mehr mit herumschleppen? Diese bildliche Auseinandersetzung passt gut zu meinem blauen Rucksack und den auserwählten Dingen, die in ihm Platz finden dürfen.

Außerdem bin ich ja nicht allein. Habe ja veritable Unterstützung: meine nagelneue, extra für mich gebaute Ukulele. Als Thorsten Sven Lietz von meinem Wandervorhaben hörte, überkam es ihn spontan, und er ernannte sich zu meinem ersten Sponsor: Er würde mir eine Ukulele bauen. Und das hat er getan. Ich kann mein Glück und seine Großzügigkeit kaum fassen. In hingebungsvoller und detailverliebter Manier haben wir zusammen die Hölzer ausgewählt. Und die möchte ich hier aufzählen: Haselfichte, Eibe, Ebenholz, Bocote, Ilex und Pflaume. Eine Concertina ist daraus entstanden, in deren Klang ich mich schon beim allerersten Zupfen unsterblich verliebe. Danke, Thorsten.

Der Zupfinstrumentenmachermeister meines Vertrauens

Bleiben wir bei den hölzernen Weggefährten und kommen zu meinem Stab. Aufmerksam habe ich im Frühjahr Ausschau gehalten, an Baumstämme geklopft, gelauscht und geschaut. Und bald war es klar: Eine Wildkirsche soll es werden. Tief im Wald, über meiner Lieblingsquelle schenkte mir eine einen ihrer quer gewachsenen Arme. Mit dem Taschenmesser sorgsam entrindet. Glatt und glänzend, heiter und stabil steht sie mir jetzt bei und hat prompt ein farblich zum Hutband passendes Bändel bekommen, damit ich später am Weg gefundene Pflanzen zum Transport verbinden kann.

Bergischer Weg, Pilgerweg, Baldeneysteig – zu Beginn ist alles eins

Sommer, was für eine üppige Zeit! Die Apotheke wächst direkt vor meinen Füßen am Wegesrand: Das Johanniskraut ist gut fürs Gemüt. Ich knuspere gern ein paar Blüten, der Geschmack erinnert mich an frühe Kindertage, wie so viele andere Wildkräuter und Blumen. Die Verbindung steht eben schon sehr lange. Danke, Oma Helene und Großtante Marile, dass ihr mir dieses Pflanzenwissen und -fühlen so früh mit auf den Weg gegeben habt: Bei Mückenstichen greife ich zu Spitzwegerich, bei Gelenkschmerz, den ich zum Glück nicht habe, nähme ich Beinwellblätter, bei Kopfschmerz Mädesüß und so weiter.
Vielleicht trage ich über die Wanderung ja eine schriftliche „Wanderapotheke" zusammen. Dann schreibe ich Lieder dazu, damit man sich Aussehen, Wirkungskraft und Einsatzmöglichkeiten besser einprägen kann. Meine persönlichen „Ikaros", meiner Pflanzenumgebung entsprechend in getreuer und respektvoller Anlehnung an die Praxis der peruanischen Medizinfrauen und Pacos, die ihre

Das Johanniskraut blüht – perfekt zu meinem Aufbruch am Johannistag

Medizinlieder direkt von Mutter Natur empfangen. Das ist die Tradition von Mariela, einer herzlich verbundenen Medizinfrau und Curandera aus Cusco. Sie gibt mir für die Wanderung nicht nur ihre besten Wünsche mit. Nein, kurz vor dem Aufbruch kommt ihr Paket aus Peru bei mir an. Darin ist eine unfassbar kuschelweiche Alpaka-Strickjacke, auf dass ich stets gut umhüllt auf meinem Weg sein möge. Gesegnet. Danke, Mariela.

Ich bin gerührt, wie viele Menschen mir vor dem Aufbruch neben guten Ratschlägen und frohen Wünschen noch weitere Glücksbringer, Handschmeichler und Pflegesalben zukommen lassen!
Nicht zuletzt eine großartig praktische und passgenaue Lederhülle für mein Taschenmesser, auf dass ich es immer sofort parat und griffbereit habe. Dieses Schmuckstück verdanke ich dem Schlierseer Sattler Jakob Pauli, der mich schon beim Bau meiner Trommel maßgeblich unterstützt hat.

Somit trage ich allerhand Wunderbares aus allerhand Gegenden mit mir, sowohl vom Aufbruchsort als auch vom Zielort und vielerorten dazwischen, sogar vom andere Ende der Welt, wenn es jetzt heißt:

franzi geht dann heim

Stadtwald – Altenberg

Wohlan, da war er plötzlich da, der 24. Juni: Tag meines Aufbruchs. Ich habe in der Nacht nicht wirklich ruhig geschlafen. Immer wieder tauchen Zweifel auf, ob ich wirklich die passende Ausrüstung habe, ob ich die Route angemessen vorbereitet habe, wie das mit den Übernachtungen klappen wird und ob mein Körper überhaupt mitmacht.

Schließlich habe ich zwei Tage vor Aufbruch sogar noch eine Ohrspeicheldrüsenentzündung (herrlich langes Wort mit zwei Umlauten und saudoofen Begleiterscheinungen) kredenzt bekommen. Als wollte das Schicksal nochmals alle Register ziehen, um herauszufinden, ob die Dannheimerin es auch wirklich will. Und sie will.

Tag 1: Essen Stadtwald – Velbert, Bergischer Weg – 15,5 Kilometer

Selbst am Aufbruchsmorgen gibt es noch ein paar blöde Hemmschuhe: düstere Vorahnungen mütterlicherseits, unheitere Orakelkarte gezogen und die „Heimliche Liebe“, also das Start-Lokal, öffnet erst eine Stunde nach meinem geplanten Aufbruch.

Aufbruch & Abschied am Baldeneyer Berg, dem Start des Bergischen Weges

Doch spätestens als drei Freundinnen und ein Sohn am Baldeneyer Berg vor dem geschlossenen Lokal auftauchen und mich mit Johannisbeersaft-Schorle und bekloppten Ratschlägen verabschieden, kribbelt die Wanderlust in meinen Waderln. Als sie mir dann auch noch den „Irischen Reisesegen“ singen, heulen fast alle Beteiligten, und ich gehe frohgemut los, frei nach: *„Fränzchenklein ging allein in die weite Welt hinein. Stock und Hut stehen ihr gut, ist auch wohlgemut“.*

Bald merke ich: Der Rucksack ist zu schwer. Ich war in der Vorbereitung beim letzten Abwiegen und Abwägen dann doch stur und habe mich unvernünftiger Weise entschieden, mein Medizinbündel mitzunehmen – und ich verrate an dieser Stelle nicht, wie viel es wiegt.

Außerdem hat es der Zupfinstrumentenmachermeister Thorsten Sven Lietz besonders gut mit mir und meinem Wunsch, auf der Reise mit Ukulele zu musizieren, gemeint und mir eine etwas größere Concertina gebaut. Sie klingt wirklich bezaubernd und sieht auch genauso aus. Klar muss sie mit. Trotz ihrer etwas größeren Tasche plus dementsprechend zusätzlichem Gewicht. Wir werden sehen, wie es mit der Franzertina weitergeht.

Der Baldeneysee ist mir vertraut und zeigt sich bei strahlendem Sonnenschein nochmals von seiner besten Seite – von wegen: „Warum willst du eigentlich an den Schliersee, Fränzchenklein? Hier ist es doch auch sehr schön“.

Hoch über dem Baldeneysee. Ab jetzt geht's gen Schliersee

An der Stelle, wo sich Baldeneysteig und der Bergische Weg endgültig trennen, mache ich eine erste Pause und sinniere, dass ich ab jetzt für mich neues Terrain betrete, also quasi über mich hinaus gehe. Ein Paar kommt vorbei. Sie haben wohl schon den Aufbruch an der Heimlichen Liebe beobachtet. Wir gehen in die gleiche Richtung. Zu diesem Zeitpunkt weiß ich noch nicht, dass ich mich direkt bei der allerersten Tagesetappe verplant habe, und zwar um einen ganzen Tag. Das muss mir erst mal eine nachmachen.

Kein Bier – aber passend zum Tag: Johannisbeersaft

Ich schaffe es sogar, im Langenhorster Wald komplett vom Weg abzukommen. Dieser Wald ist wirklich bezaubernd verwunschen. Rotfränzchen schaut nach dem Wolf und geht unbeirrt weiter.
In Velbert komme ich irgendwann am Brauhaus Alter Bahnhof vorbei und beschließe kurzerhand und mit schwerem Fuß, die heutige Tour genau hier zu beenden, und zwar mit zwei großen Johannisbeerschorli, wie wir Lateinerinnen sagen.

Der erste Schritt des Weges ist gemacht, Prosit Lao Tse!

Tag 2: Neviges – Wuppertal, Zuweg zum Jakobsweg – 14 Kilometer

Es ist warm heute, sehr warm. Also heißt es: langsam gehen und angemessen im schattigen Wald pausieren. Auf dem Weg zum Nevigeser Dom denke ich an mein Programm „Mariengrüße", mit dem wir ebendort vor 21 Jahren Premiere feierten. Sofort spüre ich tief im Innern die Aufgeregtheit von einst, weil ich mich damals 2002 sowohl dem klassischen Gesang, vor allem aber diesem großen und wundervollen Thema „Maria, Mutter Gottes, Schwester der großen Ur-Göttinnen" nicht recht gewachsen fühlte. Das hat sich über die 21 Jahre grundlegend geändert, und nicht nur das.

Franzi und Franz – der Heilige Namensbruder begleitet mich

Franziskus, das heißt seine Statue, erwartet mich. Das Kloster wird zwar seit Jahren von einem französischen Orden geführt, nicht mehr im Namen des Franzes (ich liebe den Genitiv). Aber für mich ist er da, mein Namenspatron, und wird mir auf der Reise noch oft begegnen, mich begleiten.

Im Dom fühle ich mich trotz Beton-Architektur sofort wieder warm empfangen. Eine reizende Mitarbeiterin setzt den ersten Stempel in meinen offiziellen Pilgerpass. Ich werde erst später erfahren, dass er wirklich vonnöten oder zumindest sehr hilfreich ist, dieser Original-Santiago de Compostela-Credencial.

Rosige Einsichten

Während ich in der Marienkapelle eine Kerze anzünde, versammeln sich eine Handvoll Frauen zum Rosenkranz. Die Männer sind wohl derzeit alle in Frankreich, da einer der Brüder im dortigen Mutterhaus zum Priester geweiht werden soll.

So setze ich mich zu den Frauen in die Kirchenbank ganz nach hinten und bin gespannt, was kommt. Erstaunt stelle ich fest, dass ich alle Teile des Rosenkranzes mitbeten kann, obwohl ich evangelisch getauft bin und mit den christlichen Religionspraktiken nicht wirklich vertraut.
Beim „Gegrüßt seist du, Maria" fallen mir nach und nach alle Texte meiner „Mariengrüße" ein.
Vor allem Luigi Luzzis Vertonung kommt mir in den Sinn und in die Kehle.

Am Ende frage ich vorsichtig nach den Gepflogenheiten, und dass ich gern ein Marienlied anstimmen möchte, ungeachtet der aktuellen Stimmeinschränkungen. Ich setze einfach tiefer ein und es tut so unendlich gut, in diesem Raum, in diesem Rahmen die Stimme schweben zu lassen.
Alle sind wir irgendwie ergriffen und eine der Frauen schenkt mir einen wunderhübschen, zierlich kleinen Rosenkranz aus kleinen Holzwürfelchen. Passt. Keine Perlen, eben nicht rund.

Vor dem Dom begegne ich meinem gestrigen Wanderpaar wieder – ja, man sieht sich immer zweimal. Wir unterhalten uns, und es zeigt sich jetzt schon ein interessantes Muster, das ich im Laufe der Wanderung erkunden werde: Frauen, mit denen ich ins Gespräch komme, sind von meinem Plan begeistert, inspiriert, fast sehnsuchtsvoll. Männer irgendwie überfordert.

Unsere Wege trennen sich hier. Die beiden folgen dem Bergischen Weg. Ich orientiere mich ab jetzt bis Speyer nach der gelben Muschel auf blauem Grund, dem Jakobsweg, dem „Camino“, wie er liebevoll genannt wird.
Nun wird es landschaftlich herrlich. „O Täler weit, o Höhen“ stimme ich spontan erneut im Schatten einer großen Buche mit meiner Ukulele an.

Später begegnet mir eine reizende Frau mit Hund. Schnell kommen wir drauf, dass sie just morgen exakt dorthin fährt – mit dem Auto –, wo mich meine Wanderung in knapp acht Wochen hinführen soll. Schliersee. Es gibt keine Zufälle. Ich schlage ihr spontane Kaffee-Einladung dankend aus, mein Respekt vor Hitze und körperlicher Anstrengung lassen noch keine Verzögerungen zu.

Die Königin – würdevoll auch bei 32 Grad

Exquisite Schlager-Relikte aus den Sechzigern

Heute ist es noch heißer als gestern. Es hat viel mit Meditation zu tun, einen Fuß vor den anderen zu setzen und den Hitzeerscheinungen im Körper urteilsfrei nachzuspüren. Schonungslos der Sonne ausgesetzt zwischen Kornfeldern über den Höhenrücken. Zum Glück habe ich einen Hut!
Seltsam, nach so kurzer Laufzeit der Zivilisation bereits so weit entwandert zu sein. Da mutet eine Schallplatten-Sammlung, die am Feldrand entsorgt wurde, besonders merkwürdig an.
Ich frage mich, was die Menschen bewegt: „Ah, Mist! Die Plattensammlung von Onkel Herbert! Die müssen wir ja auch noch verramschen! Komm, lass uns mit dem Auto ein Dreiviertelstündchen über abgelegene Feldwege schaukeln. Da finden wir sicher einen guten Platz.“

Ich studiere die Titel und Interpreten und gehe leicht hadernd weiter. Müll sammle ich gern und immer ein, aber diese Ladung übersteigt meine Möglichkeiten.
Später komme ich im Wald mit einem älteren Ehepaar ins Gespräch (gleiches

Spiel: Sie ist begeistert, er distanziert). Beide fragen nach meinem nächsten Ziel, bieten mir spontan sogar einen Schlafplatz bei sich zu Hause an. Sie erzählen auch vom berühmten Bruder Dirk, dem ich am kommenden Tag in Beyenburg begegnen werde. Ich bedanke mich für die spontane Gastfreundschaft, möchte aber lieber das geplante Ziel anvisieren, fühle mich eben noch nicht sicher genug für derartige Spontan-Begegnungen. Außerdem redet sie sehr viel, wirklich sehr viel, hakelt sich von einer eigenen Idee zur nächsten. Sogar ihr Mann schaut leicht entschuldigend zur Seite.

Letzte Schritte führen ins knallheiß asphaltierte Wuppertal hinein. Das Industrie-Ambiente, in dem sich mein heutiger „Schlaf-Discounter“ befindet, bekommt mir gar nicht so gut. Die Franzi ist und bleibt ein Landei.

Tag 3: Wuppertal-Elberfeld – Beyenburg – 12 Kilometer + Schwebebahn

Direkt zu Beginn des neuen Tages begegne ich auf dem Weg zur Tankstelle zufällig einer lieben Bekannten, die mit dem Auto vorbeifährt. Wir plaudern kurz. Danach gibt es für mich genau hier ein feines Frühstück: Milchkaffee und Käsebrötchen. Mehr brauche ich nicht, um froh zu sein.
Beschwingt beschließt Frau Königin, diesen unliebsamen „Stadt-Teil“ des heutigen Weges zu überfliegen. Ich nehme die Schwebebahn. Herrliche Aussicht und circa zwölf Kilometer Fußweg gespart.

Eine Schwebebahn ist lustig, eine Schwebebahn ist fein. Über die Wupper trägt sie die Dannheim

Meine Füße danken es mir. Ja, der Rucksack ist zu schwer, immer noch.
Mein Hut hingegen ist perfekt. Es gab im Vorfeld Spekulationen von Lesern – ja tatsächlich ausschließlich männlichen Geschlechts –, ob mein Hut in der Hitze nicht zu warm werden könnte.
Aber nein: Die gute alte Wollqualität von Großvater Helmuts Hut klimatisiert meinen Schädel und die darin fliegenden Gedanken hervorragend. So trage ich diese Kopfbedeckung nun andächtig durch Barmen, den Ort, in dem der Vater

meines Großvaters einst Schulrektor war. Auch und gerade hier greift oder ergreift mein Ansatz des biografischen Wanderns.
Der weitere Weg führt mich heute über den des Sauerländischen Gebirgsvereins. Das „Gebirgige“ kommt gut rüber, samt Gipfelkreuz. Landschaftlich wieder umwerfend schön. Ich kann kaum glauben, dass ich gerade mal geschätzt 30 Kilometer Luftlinie vom Essener Zuhause entfernt solche Schönheiten entdecken darf. Wie war das mit den Vorurteilen?

In Beyenburg angekommen, erspähe ich im Schaukasten der katholischen Gemeinde direkt den Pilger-Übernachtungshinweis und Bruder Dirks Telefonnummer. Ich gebe zu, ich traue mich erst nicht recht, anzurufen. Da ist eine Unsicherheit in mir, Hilfe und Unterstützung zu erbeten, die im Lauf der Tour noch öfter zum Thema wird.
Nach energischer Selbstüberwindung höre ich am Telefon seine forsche Stimme. Vor lauter „Lass-me-au-mit“, wie die Schwäbin sagen würde, stehe ich erst vor den falschen Tür, um kurz darauf im Treppenhaus vom ersten Stock her mit einem weiterhin forschen „Dein Rucksack ist zu schwer. Das sehe ich von hier aus!“ empfangen zu werden. Das sticht kurz, denn ich weiß ja, spüre ja, dass er recht hat. Lächeln.

Fünf Minuten später sitze ich in Bruder Dirks Zimmer neben einer Radiomoderatorin und gegenüber einem unglaublich offenen und herzlichen Bruder Dirk, der hier als letzter verbliebener Bruder im Kloster Großartiges für seine Gemeinde tut, und nicht nur für sie. Sein Lieblingsbereich, so berichtet er es der Moderatorin, ist die Betreuung der Pilger. Wie passend. Ich bin also der lebendige und freudig empfangene Beweis fürs Radio.

Ein vielversprechendes Empfangs-Schild

Es fällt nicht schwer, mit Bruder Dirk direkt übers „Eingemachte“, wie er es nennt, zu reden: über das Warum. Über wie viel Stimme die Sängerin also noch verfügt, wird direkt in der wunderschönen Klosterkirche Maria Magdalena überprüft. Dass ich intuitiv und ohne Hemmschwelle das „Agnus Dei“ aus meiner eigenen Magdalenen-Messe angestimmt habe, fällt mir erst danach auf.

Jasmin Voss von Radio Wuppertal, Bruder Dirk, meinereine und das Lebenswasser

Ich darf das großzügige und als „Kardinals-Suite“ benannte Zimmer im Pilgerbereich beziehen. Am Abend bekocht mich Bruder Dirk vorzüglich. Ich bin berührt von soviel Gastfreundschaft und menschlich offenem Interesse, mehr noch: Zuwendung. Ja, er hat wahrhafte Antworten auf meine Fragen und einen erfrischend unverblümten Humor.

Die Gespräche dieses Abend fließen von Glauben versus Religion zum Buddhismus über Symbole in der sakralen Architektur und zur Beseeltheit aller Dinge. Über meinen Aufbruch zu Johanni kommen wir zu Johannes: „Die Liebe kennt keine Furcht. Wer sich fürchtet, dessen Liebe ist nicht vollkommen.“ Viele Impulse und Denkanstöße nehme ich mit.

Danke, Bruder Dirk, die Welt ist reicher durch Menschen wie dich.

Tag 4: Beyenburg – Wermelskirchen, Jakobsweg – 20 Kilometer

Nach einem köstlichen Frühstück werde ich von Bruder Dirk an der ersten offiziellen Pilgermuschel gesegnet und verabschiedet. Es ist beruhigend und berührend, von nun an diesem Signet zu folgen, wenn es nicht, wie an etlichen Stellen, abgepflückt wurde, Manno.

Auf der Grenze zwischen Rheinland und Westfalen mit Bruder Dirk

Hier fließt die Wupper ganz beschaulich und trennt das Rheinland von Westfalen. So erfuhr ich es zum Abschied von Bruder Dirk und bin ganz froh: Genau so hatte ich es mir erhofft, nämlich auf diesem Weg mehr über das Land, in dem ich lebe,

Von Schnee keine Spur, dafür segensreiches Ex-Waschhaus - siehe Wandbeschriftung

Hier erwacht die Idee, lustige Straßennamen zu sammeln

Ein Elefranz vorm Steineladen

zu erfahren, zu erlaufen, zu erkunden. Die erste Entdeckung wartet direkt am anderen Ufer, eine „Maria im Schnee“-Kapelle. Das stimmt hoffnungsfroh bei diesen hochsommerlichen Temperaturen.

Tatsächlich ist es heute deutlich kühler. Zum Glück, denn gleich geht es ordentlich steil hinauf. Dann führt mich der Weg malerisch über weite Sommerfelder und an lustigen Straßennamensschildern vorbei. Hier erwacht die Idee, neben den Pflanzen auch hierzu eine Sammlung dazu anzulegen.

Weiter geht es nach Lennep. Im dortigen Pilgerladen besorge ich mir auf Anraten von Bruder Dirk noch eine Jakobsmuschel. Damit also jeder auf Entfernung erkennen kann, auf welchen Weg sich diese Frau mit dem großen Rucksack, immer noch mit Ukulele, mit dem großen Hut und mit dem Stab macht. Muschel und Pass – beides hatte ich während meiner Vorbereitung für nebenrangig deklariert. Beides beschert mir besondere Begegnungen, wie sich später zeigen wird. Merke: „Muschel und Pass machen auf dem Camino Sinn und Spaß“.

Apropos Spaß: Vielen Kindern, denen ich auf meinem Weg begegne, fällt tatsächlich als erstes mein Stab auf. Und ich bin wirklich sehr glücklich mit meinem Kirschenstab, ist er mir am Hang doch eine stabile Stütze, und nicht nur da.

Danach besuche ich die liebe Ute in ihrem schönen „Topas Steineladen“ und werde nicht nur mit frischem Wasser, sondern auch mit einem wundervollen blauen Dumortierit beschenkt, ein Heilstein mit dem netten Beinamen „Take it easy". Den werde ich sicher ab und an gut brauchen.

Und weiter geht es heute noch für mich nach Wermelskirchen. Erst entlang des großen Stausees verläuft der Weg ab Ortseingang doch erstaunlich unschön, bis ich bei der Evangelischen Stadtkirche ankomme. Man hat mir geraten, hier nach einem Nachtquartier zu fragen.
Ich habe Glück, im Gemeindebüro schickt man mich sofort weiter zum Küster. Was für ein Kontrast zur gestrigen Übernachtung. Der nette Küster kocht uns Kaffee und trägt mir auf, zwei Äpfel zu schneiden. Seine Frau schält diese wohl immer noch zusätzlich, klärt er mich auf. Heute also Kammer mit Pritsche ohne Dusche, dafür Kaffee mit Apfel und Keksen.

Nach einer kleinen Wäsche in der Gemeindetoilette genieße ich zum Abendessen noch einen köstlichen Gruß aus Bruder Dirks Küche in meiner Vesperdose. Ich krabbele bald in meinen Schlafsack, nicht ohne zuvor eine ausgeklügelte Absperrvorrichtung aus Resopaltisch und mitgebrachter Wäscheleine an meiner Zimmertür zu verbauen.
Für mich oder wegen mir bleibt die Gemeindehaustür heute Nacht ja offen, was mich andererseits aber auch nicht gänzlich unbefangen und den Schlaf kippen lässt.

Ein müder Abendfranz unterm Kirchturm

Nebenan in der Kirche übt jemand Orgel, sehr tröstlich.
Bisheriger Tagesstreckenrekord mit 20 Kilometern, ich bin sehr zufrieden.
Themen: Betrachte ich mich oder die vermeintliche Betrachtung durch andere? Warum so kompliziert? Wen stört es, wenn ich mich verlaufe? Mache ich Musik für mich oder für andere?

Tag 5: Wermelskirchen – Altenberg, auf dem Camino – 20 Kilometer

Ich wache, wie so oft, mit dem ersten Vogelgesang auf und heute treibt mich dieser auch bald von der Klapppritsche (toll, ein Wort mit drei „P"). Bin nicht besonders erholt. Denke an die Reinigungskraft, die wohl ab sechs Uhr durch diese heiligen Hallen fegt und weiß ja, dass die Pilgerin gefälligst um sieben Uhr aufzubrechen hat.
Zum Glück finde ich ein sehr schönes Bäckereicafé, das sehr guten Cappuccino im Angebot hat. Für mich scheint da sofort die Sonne, draußen beginnt es allerdings zu nieseln. Endlich kommt mein Regencape zum Einsatz.

Sogar die Ukulele lässt sich mit etwas Geschick unterm Cape vor dem Regen verbergen

Der Weg führt heute, laut Wegbeschreibung, auf den schönsten Streckenabschnitt des Bergischen Jakobsweges. Fast durchweg entlang des verwunschenen Eifgen-Bachlaufes.
Über weite Strecken im Wald verborgen bin ich gut geschützt vor dem leichten Regen.
Drei Mühlen stehen hier und natürlich fallen mir allerhand Müllerslieder, aber auch diverse mehr oder weniger schauerliche Mühlenmärchen ein. Krabat, sei mir gegrüßt.

Woran es wohl liegt, heute ist es in jedem Fall ein mühsamer Tag, von Anfang an, und zwar seelisch, geistig und körperlich. Ich habe zu viel oder zu Schweres in meinem Gepäck? Definitiv. Denke an die „Zehn Ge(h)bote". Ja, die gibt es wirklich, habe ich mir extra abgeschrieben und somit immer griffbereit dabei. Damit sinniere ich über das Unnötige und motze mit mir von wegen: „Ich schleppe die Last der mir selbst auferlegten Dinge" – im übertragenen, wie im praktischen Sinn. Also ist er vielleicht schon gekommen, der vielgerühmte „Pilgerblues".

Wie gesagt, von der Schönheit dieses Abschnittes bleibe ich für meine Verhältnisse eher mäßig berührt. Ein Maulwurf krabbelt mir über den Weg und verkriecht, vergräbt sich schnell. Das spricht mich an, da fühle ich mit. Im Gehen meditiere ich über: „Ich bin die ich bin die ich bin die ich bin die ich bin …" und da ent-

Die Zehn Ge(h)bote – klingt erst albern, macht aber Sinn

scheidet die Position des Kommas darüber, was es bedeutet. Unkomplizierter, aber nicht weniger anspruchsvoll ist es da, mit „Ich bin mein Atem“ zu gehen.

Irgendwann, nach gefühlten 40 Kilometern (statt der ausgewiesenen 20) erreiche ich Altenberg und bin tief beeindruckt von der Größe und Strahlkraft dieses Doms mitten im Wald. Im Haus Altenberg, also dem ehemaligen Kloster, bekomme ich zum großen Glück noch ein Zimmer und schleppe mein heute leicht geschundenes Selbst hinauf in den ersten Stock.

Fazit: Was eine Dusche und ein abschließbares Zimmer doch unmittelbar für Wohlgefühle auslösen können. Und weit mehr als das: Dieses Haus ist so einladend und angenehm, alle Mitarbeiter so freundlich. Im Speisesaal geht es fein her, hier sind Jugendgruppen neben Seniorenreisenden und Unternehmensgruppen. Irgendwo dazwischen ein Tischschildchen, das mich begrüßt: Pilger Frau Dannheim. Könnte glatt heulen.

Still und einsam im Eifgental

Tag 6: Pause – Mein „Monrepos“ in Altenberg

Nach einer ruhigen Nacht mit tröstlichem Mond im Fenster bin ich leider nicht so erholt, wie ich es mir erhofft habe. Muss mir eingestehen, dass ich einfach noch nicht vollends fit bin. Wenn ich meinen Krankheitsverlauf der letzten vier Monate berücksichtige, ist das auch kein Wunder. Also verlängere ich hier um einen Tag. Und das stellt sich als Gewinn heraus, auf ganzer Linie.

Klare und sehr ansprechende Architektur im Haus Altenberg

Beim gemütlichen und ausgiebigen Frühstück gesellt sich eine andere „Alleinsitzerin“ zu mir und wieder entspinnt sich ein spannendes Gespräch: Sie ist hier, um ihre Masterarbeit zum Thema „Rassismus in Schulbüchern“ konzentriert fertig zu schreiben. Wie großartig, dass dieses Haus Altenberg solch ein vielfältiges und finanziell entgegenkommendes Angebot hat.

Ich lasse es wirklich ruhig angehen, freue mich, Zeit zum Schreiben des Blogartikels zu haben. Es hilft mir selbst ungemein, all diese Eindrücke, Einfälle und Einbrüche durchs Schreiben oder im Schreiben zu sortieren, zu fixieren.
Und wo könnte das besinnlicher und geschehen, als in dieser schönen Gegend. Da kackt mir eine kecke Krähe aus hohem Geäst der großen Schirmeiche, unter der ich sitze, einen fetten, unangenehm riechenden Gruß mitten auf den Kopf. Ich höre sie keckern.
Das bringt Glück, weiß doch jedes Kind! Frei nach dem Gewitter-Merkspruch: „Buchen sollst du suchen, Weiden sollst du meiden, unter Eichen kriegst du Zeichen.“

Am Nachmittag gehe ich in den Dom zum kurzen Gebetsgottesdienst. Eine willkommene, stille Einkehr. Der Organist spielt erfreulich virtuos auf dieser Riesenorgel. Die fulminante Schallwelle strömt durch meinen Leib, durch meine Zellen, bis in die DNA.
Erst jetzt fällt mir ein, dass ich hier in diesem Dom selbst schon mal zu einer Hochzeit gesungen habe. Ungute Erinnerungen kommen hoch: Ich war damals zeitlich sehr knapp angekommen und leicht gehetzt (wie so oft – ergänze ich mir jetzt im Geist) und irgendwie nicht wirklich dabei. Das stimmt mich heute nachdenklich.

Zum Glück holt der Organist nochmal zum feurigen Nachspiel aus. Es tut so gut, die Musik einfach nur zu genießen, statt direkt in den inneren Abgleich zu gehen: müsste ich, sollte ich, könnte ich …

Den Dom teilt sich die evangelische Gemeinde mit der katholischen. Sehr gutes Vorbild!

Ein sehr schöner und bedeutsamer Tag neigt sich dem Ende. Ich werde Bruder Dirks Rat ernstlich befolgen und ab und an einen Ruhetag einlegen. Fazit: Ich entscheide, wie weit ich gehe – so oder so.

NOTA BENE: Manche Dinge kommen anders, als gedacht, aber alles gehört zum Weg, ist Teil der Medizin. Mülleinsammeln lässt sich zum Beispiel nicht, wie angedacht, umsetzen. Das Bücken mit dem großen Rucksack macht nicht so viel Spaß.
Sehr viel Spaß hingegen macht das Entdecken meiner Lieblingsheilkräuter am Wegesrand. Jeden Tag begleiten mich drei bis fünf besonders intensiv. Ich möchte hier betonen, dass ich mich stets an alle Regeln zum Natur- und Artenschutz halte; selbstverständlich wird nichts aus Schutzgebieten geräubert. Mit kundigem Blick werden die geschützten Arten ausschließlich mit dem Objektiv meiner Kamera festgehalten. Wie ich diese „Franz-Floristik“ irgendwann aufbereiten werde, wird der Weg zeigen.

Altenberg – Remagen

Nun bin ich schon gut über eine Woche unterwegs. Jeden Morgen versuche ich, den vergangen Tag, die vergangenen Orte und Begegnungen in meinem Gedächtnis wach zurufen. Zu schön ist diese Wanderung, diese Pilgerreise, als dass ich auch nur einen Abschnitt missen möchte.
Also schreibe ich, um dem Vergessen entgegenzuwirken. Außerdem teile ich es über die Sozialen Medien und meinen Blog mit denen, die es lesen wollen. Ich bin ehrlich gerührt über die Rückmeldungen.
So viele Erinnerungen, die mein beschriebener Weg bei den Lesenden wachruft und die mein Betrachten dann erweitern. Ein Geben und Nehmen und umgekehrt. Das bestärkt meinen Glauben, dass die Dinge nie nur in eine Richtung gehen – außer mir: Ich gehe in Richtung Süden, bis auf Weiteres.

Tag 7: Altenberg – Köln – 19,5 Kilometer + Seilbahn & Bus

Der Ruhetag in Altenberg hat wahre Wunder vollbracht. Hier zeichnet sich meine eigene Erschöpfungsgeschichte ab: Am sechsten Tage sollst du ruhen. Außerdem habe ich erfahren, dass die Tiroler Berglegionistinnen sogar schon am fünften Tag die Pause einlegen. Also bin ich mit meinem Sechstage-Rhythmus recht weit vorn. Darüber hinaus hat es zur Nacht viel geregnet – fortgespült.

Frühstück mit Namensschild: Pilger Frau Dannheim freut sich

Mein Rucksack ist erleichtert, ich bin es auch. Habe ein paar „Schwerigkeiten“ aussortiert und zur familienorganisierten Abholung deponiert. Des Weiteren will ich zu meinen guten, altbewährten Lederstiefeln zurück, werde mir in Köln neue kaufen, jawoll. Gut beraten und eingelaufen – hin oder her: Goretex-Stiefel sind einfach nichts für mich, da verkochen mir ab 28 Grad Außentemperatur regelrecht die armen Füßchen.
Auch das gehört wohl zu den Prozessen, zur Prozession: zu erkennen, was ich wirklich brauche, auf meine innere Stimme hören und mich um meine Bedürfnisse angemessen kümmern. Frei nach Puma Fredy Quispe Singona: „Höre auf dich – zuerst und zuletzt.“

Altenberger Dom mit Reiher auf dem Dachkreuz

Jetzt erst fallen mir die prächtigen Winterlinden auf, die hier noch in voller Blüte stehen. Ein fast narkotisierender Duft. Ich binde eine Handvoll Blüten an meinen Stab und werde von dieser Linden-Sanftmut begleitet, eingehüllt.

Beschwingt geht es gen Odenthal. Hier haben sie sich der Hexenthematik besonders angenommen, das ist löblich. Man kann sogar auf einem Hexen-Wanderweg spazieren. Ich frage mich nur, warum diese Hexendarstellungen immer alte, hakennasige Hutzelweiber sein müssen und erinnere mich daran, dass mich mein Großvater – nicht der, dessen Hut ich trage, sondern der andere – immer „alte Wetterhex" nannte, wenn meine Zöpfe nicht ordentlich geflochten waren.

Ich sitze eine Weile am Hexenbrunnen hinter der Kirche. Er ist den Frauen gewidmet, die hier am Ort vor circa 400 Jahren in unfairen Prozessen ihr Leben verloren. Bei dem, was ich heute tue, denke, sage, pflücke, pflege und bete wäre der Scheiterhaufen einst vielleicht auch mein Ende gewesen. Menschen, lasst uns offen, zugewandt und liebevoll neugierig miteinander sein!
Die vom Künstler vor ein paar Jahren geschaffene Brunnenskulptur stellt einen Kessel dar, der von fünf jaguarähnlichen Tieren getragen wird und aus dem das Wasser brodelt, quillt.

Hexenbrunnen in Odenthal

Hier fließen auch meine Assoziationsketten: der Kessel der Wandlung, getragen vom Jaguar, dem geräuschlosen Jäger im tiefen Urwald, der keine Feinde hat, weder in dieser, noch in der anderen Welt. Ja, auch in unseren südlichen Gegen-

den gab es in grauer Vorzeit Panther. Fühle mich diesem Tier und seinem Geist sehr verbunden, schon auch, weil mein allererstes Stofftier ein schwarzer Panther war – und ist, ich habe ihn immer noch.
Danke, Eltern, dass ihr mir so früh ein so starkes Krafttier an die Seite gegeben habt. Drei mal schwarzer Kater.

Mit diesen Gedanken, und weiter auffallend oft unter Linden, trägt es mich nach Schildgen. Hier findet in der Herz-Jesu-Kirche gerade ein Trauergottesdienst statt. Die Gemeinde singt den Irischen Reisesegen, mit dem auch ich am 24. Juni von meinen drei Freundinnen auf meine Pilgerreise verabschiedet wurde.
Wir sind alle Reisende, in dieser und in der anderen Welt. Und manchmal sind diese beiden Welten gar nicht so weit voneinander entfernt: „Und bis wir uns wiedersehen …“
Die Kirche selbst wurde vom selben Architekten wie der Nevigeser Dom entworfen: Gottfried Böhm. Er hat auch hier Sichtbeton auf verblüffend angenehme Weise „verbaut“. Es soll das Himmlische Jerusalem versinnbildlichen. Böhm hat des Weiteren auch die Zentralmoschee in Köln entworfen. Da kommt mir in den Sinn, dass dies doch schöne Zeichen der Verbindung sind. Hier ist es ein Architekt, der durch seinen Eindruck und seinen einheitlichen architektonischen Ausdruck diesen drei abrahamitischen Religionen ein Zuhause schafft. Verbindungen schaffen – das wird ein Thema für die kommenden Etappen.

Entspannte Muskulatur bei herrlicher Aussicht

Weiter geht es nach Köln und mein kindliches Gemüt freut sich riesig über die Möglichkeit, mit der Seilbahn über die Zoobrücke einzugondeln.

Im Dom bewundere ich bei perfektem Lichteinfall das Gerhard-Richter-Fenster. Wahrscheinlich ist es erneut mein kindlich vergondeltes Gemüt, das darin die bunten Karos vom Elefanten Elmar aus dem gleichnamigen Kinderbuch erkennt. Aber das behalte ich still für mich, sonst hätte ich von dem übellaunigen Domschweizer im roten Rock wahrscheinlich erst recht keinen Stempel in meinen Pilgerpass bekommen.

Ganz profan gibt es im Anschluss die neuen Lederstiefel. Bei Globetrotter kompetent und engagiert beraten, wird es ein Hanwag-Schuh aus Yakleder, innen auch Leder. Fühlt sich gleich an, als würden meine Füßchen in zwei Schlafsäcken stecken, so soll es sein.

Wie schön, dass mich mein Mann heute „besucht“ und mir in Köln wunderbare Bettstatt mit dem Wohnmobil direkt am großen Vater Rhein beschert. Dieser mythenreiche Strom, der all seine gesammelten Wasser gen Nordsee spült, wird ab jetzt für eine ganze und gute Weile mein starker Begleiter sein. Oder ich bin sein Begleit? Allerdings genau gegen die Fließrichtung, stromaufwärts, der Quelle zu.

Es gibt ein gemütliches Abendessen in der Innenstadt, samt Maibock Ende Juni. Ein kühles Abendlüftchen weht, und Marielas Alpacajacke kommt zum ersten Mal zum Einsatz. Sie ist übrigens auch mein Kopfkissen des Nachts, also die Jacke.

Tag 8: Köln – Wesseling – 21 Kilometer + Straßenbahn

Nach gebührendem Abschied vom Gatten beginnt meine Etappe mit einem kleinen Streifzug durch die Kölner Flora, die will ich mir nicht entgehen lassen. Es nieselt und mein Regencape kommt wieder zum Einsatz. Die neuen Stiefel laufen quasi von selbst.

Franzi in Flora – trallalla – mit blauem Cape

Die Kamelien wollen begrüßt werden, außerdem bestaune ich die Neubaustelle des Tropenhauses. Das Café ist leider geschlossen. Dafür gibt es eine öffentliche Toilette, auch gut. Ab jetzt werde ich meine Choreografie verfeinern, um ohne Gepäckabsetzen, selbst mit Regencape, alles kontaktlos verrichten zu können. Ja, auch das sind die prägenden Themen einer solchen Reise.

Dann geht es am Rheinufer entlang stadtauswärts. Nieselregen wird mein ständiger Begleiter des Tages sein. Das Fränzchen ist aber nicht aus Marzipan. So passiere ich unpittoreske Vorstadtbezirke, komme durch ein riesiges Gelände der Diakonie, eine richtige Diakonie-Kolonie, die in ihrer vermeintlichen Abgeschlossenheit ein wenig gespenstisch wirkt.

Unweigerlich muss ich an ein Erlebnis vor vielen, vielen Jahren denken, als wir mit meinem damaligen Tangoquintett „Primavera del Tango“ in Wien im Theater an der Baumgartnerhöhe gastiert haben. Ein entrückter Hügel, eine Jugendstil-Nervenheilanstalt, Theater und darüber thronende Kirche als Gesamtkonzept vom Architekten Otto Wagner entworfen.
Nach dem Soundcheck war ich also durch den zauberhaften Park spaziert und wurde von zwei Bewohnerinnen dieser Heilanstalt erst zaghaft angesprochen und dann über deren Sangesliebe informiert. Eine hatte sich bei der anderen Mut machend untergehakt und tönte kraftvoll „Gell, sie singt auch so gern!“ Diese Sie holte dann zitternd Luft in ihren zarten Brustkorb und säuselte eine einzigartige, gerade noch erkennbare Carmen-Habanera, die uns alle drei in dieser entrückten Park-Idylle beglückte. Herrlich, was das Leben einem so für Begegnungen zuspielt, und verblüffend, wann die Erinnerung diese wieder an die Oberfläche des Bewusstseins holt.

Riesenpappeln am Leinpfad

Weiter geht es auf dem „Leinpfad“ am Rhein unter überwältigend riesigen Pappeln. Gestern Winterlinde, heute Pappel. Meine Aufmerksamkeit richtet sich mehr und mehr auf die Pflanzen. Jeden Tag habe ich vegetable Hauptbegleiter.

Meine Wahrnehmung wird feiner, ich kann schon von Weitem die unterschiedlichen Pflanzendüfte erkennen und zuordnen. Immer schwerer vertrage ich hingegen Menschenparfums.

Der Feld-Wald-und-Wiesen-Franz fragt sich also gerade, was ihm diese enormen Pappeln am Rheinufer sagen wollen und versinkt in Erinnerungen an entscheidende Stationen des eigenen Lebens, die erstaunlicher Weise immer von Pappeln „bestanden“ wurden, da plötzlich – Zack! – laufe ich mitten hinein ins grausame Industriegebiet von Wesseling!

Ein echter Schock für meine offene Pflanzenseele. Und es kommt mir vor wie böser Hohn, wenn sie an die Steinmauer, hinter der sich Tonnen von Metallschrott befinden, ein Schild montieren, dass dies hier eine biologische Heimat für die Eidechsen sei. Unendlich viele Schlote, aus denen Feuerstöße entweichen oder faulig stinkendes Gas furzt. Menschengemachtes Totland. Meine Pappeln flöten mir hinterher: „Hast du es jetzt kapiert? Die Natur und uns alle sollst du schützen!“

Jakobsmuschel im Industriegau. Wer da glaubt, der Jakobsweg führt den Pilger um die Schönheit der Schöpfung zu lobpreisen, wird hier eines anderen belehrt

Auch das ist unsere Welt, geformt von einer Spezies, die sich selbstherrlich als Krone eben jener nennt. Am Gatter wachsen unverdrossen saftige Brombeeren, und auch wenn ich weiß, dass man in der Nähe dieser Xyladecor-durchtränkten Schienenbohlen eigentlich nichts Gutes findet, genieße ich ein paar dieser Beeren als Geschenk von Mutter Natur, die mich auch und gerade an diesem Ort daran erinnern, worum es für mich geht: Natur, Schutz und Ehre.

Ich greife die Halskette mit dem Franziskus-Kreuz, die mir Bruder Dirk in Beyenburg mit auf den Weg gegeben hat, denke an meinen Namenspatron und philosophiere im Stillen über „homo sapiens“ und „homo stupidens“. Ich schäme mich, dieser postindustrialisierten, gewinnorientierten Gattung „homo sapiens“ anzugehören und gehe weiter auf Asphalt.

Wesseling hat aber auch angenehme Seiten und hübsch beschirmte Straßenzeilen mit köstlichem Waffelangebot in einem entzückenden, orientalisch angehauchten Café zu bieten.

Bunt beschirmt ist halb besonnen

Außerdem findet hier genau heute das große Stadtfest mit Openair, Kunstmarkt an den Rheinwiesen und gigantischem Feuerwerk in der Nacht statt. All das erlebe ich aber nur noch sehr entfernt, bin zu dem Zeitpunkt schon tief in Morpheus Arme gesunken.

Fazit: Heute kam das „Bestimmungs-Thema" aufs Tablett. Ein erster sachter Versuch der Definition: „Ich möchte einen Ort schaffen, an dem ich möglichst frei mit Pflanzen und Tieren kommunizieren kann. Von dem aus ich das Wunder der Schöpfung, die Geschenke der Natur anderen Menschen näher bringen kann: in Märchen und Poesie, Zeremonie und Nahrung, Musik und Freude. Das Gute und Schöne spiegeln, denn meiner eine ist niemals aus dem Garten Eden vertrieben worden."

Tag 9: Wesseling – Bonn-Venusberg – 15,5 Kilometer

Ich beginne diesen Sonntag mit einem Gottesdienstbesuch in der Germanus-Kirche. Bin wieder erstaunt, soviel ehrlich Sinnstiftendes und Tröstliches in einer Predigt zu erfahren. Vielleicht ist dieser Weg auch ein großer Versöhnungsgang für mich, meine erlernte Religiosität und meine empfundene Spiritualität.

Der Ludwig van – ein Prachtskerl

Weiter geht es heute durchaus heiter am Rhein entlang, ab nach Bonn. Also wieder in die Stadt, aber diese zeigt sich angenehm und beschaulich.

Natürlich statte ich Herrn Beethoven, also seiner imposanten Statue, einen Besuch ab, um danach im stillen und kühlen Kreuzgang des Münsters zu verweilen.

Es wird mir zur lieben Gewohnheit, in den Gotteshäusern, so niemand da ist, den ich stören könnte, zu singen. Und es kommen da von ganz allein irgendwo aus den Tiefen meiner wirklich bunten Sanges-Vergangenheit die unterschiedlichsten Lieder hervor. Vielleicht wird das mein persönlicher Soundtrack zur Tour.

Stiller Kreuzgang, opulent bepflanzt

Am prächtigen Poppelsdorfer Schloss geht es für mich entlang. Stopp an der Eisdiele, das Salzkaramelleis schmeckt großartig. Ich habe es noch nicht fertig geschleckt, da führt mich das Muschel-Schild ganz unscheinbar zwischen zwei Häusern hindurch – Zack! – in den Wald. Wunderbare Überraschung!
Ich genieße es sehr, dass der Weg fast durchgehend so gut mit den kleinen Quadratschildern mit gelber Muschel auf blauem Grund markiert ist, dass nur selten ein Kontrollblick in die Karte nötig ist. Wandern nach Muscheln ist ein bisschen wie Malen nach Zahlen, sehr beruhigend.

Wo die Strahlen zusammenlaufen ist die Pfeil- und Wegrichtung. Praktisch. Stimmt – fast immer

Spontan ändere ich, zum späten Nachmittag auf dem Venusberg angekommen, noch meine Nachtquartierspläne. „Venusberg" heißt die Gegend, da muss ich unweigerlich an Wagners Oper Tannhäuser denken. „Frau Holda kam

aus dem Berg hervor“ und so weiter. Was würde Beethoven wohl dazu sagen? Weiter komme ich mit diesem inneren Dialog nicht, denn ein etwas angealtertes Schild erregt meine Aufmerksamkeit. „Waldhäuschen“ steht darauf und sieht vielversprechend aus. Planänderung: Statt Jugendherberge oder Katholischem Bildungswerk gibt es heute ein Zimmerchen mit Dusche und Bad auf dem Flur, inklusive entzückendem Waldvogelgesang vom Mansardenfenster her. Ich fühle mich, auch vom Duft her, glatt an den Schliersee erinnert.
Greife also in meinen Reiseassoziationen immer mal wieder ein Stück voraus und dann webe ich auch mal wieder ein paar Meter zurück.
Das Bild vom Wege-Weben und Verbindungen-Gehen nimmt vor meinem inneren Auge immer klarere Gestalt an. Mein Weg führt mich von A nach B. Das Wichtige sind aber weder A noch B, sondern das NACH. Das ist die Verbindung. Und wenn ich hier lauter Verbindungen eingehe, bin ich selbst vielleicht irgendwann der Wald und der Berg und der See und umgekehrt.

Am Nachbartisch plaudert eine Altherrengesellschaft quer durch alle gesellschaftsrelevanten Themen. Ich will wirklich nicht lauschen, aber der folgende aufgeschnappte Wortwechsel wird in mein Goldkästchen der Meistergedanken aufgenommen:
„Weeste, allet in der Natur ist ja für irjend wat jood. Sojar de, saren wa ma, de Distel.“
„Sischa datt. För de Distillerie! Machste ma noch drei Schnäpse ferrtisch, Chef?“

Zum genussvollen Abschluss des Tages im Waldhäuschen-eigenen Biergarten trinke ich ein Andechser – Zack! – schon wieder in Bayern. Prosit!

Bald liege ich in meinem Dachstübchen, da fährt doch glatt noch der Schrotthändler mit seinem Blech-Geflöte durch die Gassen, hält mal hier, mal da. Nicht zu fassen, wie sie in dieser Stadt ihren bekanntesten Musikus postmortal ausbeuten: der Schrotthändler flötet „Für Elise“. Na dann, gute Nacht.

Klappt aber gar nicht so schnell mit der guten Nacht, denn die Frau im Nebenzimmer muss noch bis nach Mitternacht per Telefon lautstark mit ihrem Partner streiten. Ich bin ehrlich zu müde, um

Rücksicht und Hörschutz zu bitten, aber leider nicht müde genug, um darüber hinweg zu schlafen. Frau Holda, lass mich bitte in deinen Berg hinein.

Tag 10: Bonn-Venusberg – Oberwinter – 30 Kilometer

Aufbruch am Morgen auf nüchternen Magen. Frühstück gibt es drei Ecken weiter im orange gestrichenen, flachen Rundbau. Vielleicht einst – zur Blütezeit des Waldhäuschens – mal eine Tankstelle gewesen? Dieses Frühstück lässt mein Seelenbarometer gleich wieder in sonnige Höhen schnellen.

Auch hier lächelt einen der Ludwig von der Backwarentüte an, es gibt kein Entkommen – Ta-Ta-Ta-Taaa! Beethoven krümelt schon zum Frühstück

Quer durchs große Klinikgelände geht es mal wieder – Zack! – am Mäuerchen links direkt in den Wald. Die gelbe Muschel auf blauem Grund führt mich alsbald zu einem formidablen Ausblick auf das Siebengebirge; zwischen uns der Rhein.

Dieser langsame, aber stete Wandel der Landschaft ist so reizvoll. Ich laufe in einen Wald, voller riesiger Hainbuchen, wie ich sie noch nicht gesehen habe. In Richtung Bad Godesberg gehend kommt mir eine Meditation über Glaube, Liebe und Hoffnung in den Sinn. Ich wandele den Dreiklang um in: „Glaube, Liebe, Zuversicht“, da mir das Aktive an der Zuversicht gerade näher ist. Das liegt vielleicht auch am oder im Gehen.

Später geht es am Godesbach entlang. Richtig, der Bach, der dem Ort den Namen gab, samt der Quelle, die ihm das „Bad“ davor bescherte. Ich bin irritiert, dass sie eben diesen Brunnen heute unter Betonverschluss der Öffentlichkeit vorenthalten. In meinem schwäbischen Bad Cannstatt sind viele der Quellen öffentliche Brunnen. Statt dessen haben sie hier einen schicken Kiosk hingestellt, die gewitzten Kaufleute, um das Wasser nun frisch gezapft für ordentlich Geld zu verhökern.
Ich muss an Nestlé denken, und die Frage, wem warum welche Natur-und Bodenschätze gehören, und wer sich erlaubt damit Reibach zu machen. Homo sapiens … homo geldgierens.

Johannisbeerfelder sind – nicht nur – ein Augenschmaus

Weiter geht es über ländliche Höhen mit Kuhweiden und langen Feldern mit Johannisbeeren, die in der Sonne wirklich feurig strahlen. Wunderbar.

Ich klaue nicht eine Rispe! Zum einen, weil ich „rote Träuble" nicht so gern mag, zum anderen, weil hier wilde Kirschbäume die Felder säumen, und die schmecken köstlich!
„Le temps des cerises et des roses", danke, Carla Bruni!

Dazu fällt mir eine Legende vom Heiligen Johannes ein, laut der er mit einem Pilgerstab, aus einem Weinstock geschnitten, übers Land ging. Irgendwann auf die Kraft seiner Mission und seines Glaubens befragt, steckte er den Stab in die Erde und dieser erblühte in frischem Grün und trug fortan Johannisbeeren. Ob mein Stab, so ich ihn in die Erde steckte, ebenfalls wieder grünte? Welche Kirschen trüge er wohl?

Hier stelle ich fest, dass sich meine ursprüngliche Idee vom „Musizieren auf Reisen" steil verändert hat. Ich habe überhaupt kein Bedürfnis für oder mit irgend einem anderen Menschen Musik zu machen. Ich singe liebend gern allein in jeder Kapelle am Wegesrand und höre mich immer wieder ein paar auserwählte Lieder aus meinem höchst eigenen Lieblingsrepertoire singen, summen.

Vielleicht schält sich hier so langsam meine musisch-musikalische Authentizität heraus? Wir werden sehen, besser: lauschen, welche Melodien da noch auftauchen werden aus den Tiefen meines bisher und durch allerlei Lebensphasen erworben Liederschatzes.

Plötzlich passiere ich die erste Bundesländergrenze: Au revoir Nordrhein-Westfalen. Sei gegrüßt Rheinland-Pfalz!

Der Weg führt mich vorbei am Rolandsbogen direkt zum Ferdinand Freiligrath-Denkmal. Hier erfahre ich, dass jener einst mit seinem Spendenaufruf dafür sorgte, dass der eingestürzte Bogen, Überbleibsel einer früheren Burg und längst berühmte Landmarke, wieder aufgebaut wurde.
Nach diesem romantischen und rebellischen Dichter wurde auch die Straße benannt, in der ich während meiner Schulzeit in Bad Cannstatt wohnte. Fühl-

Blick ins Rheintal

te mich ihm früh verbunden, nicht nur, weil im Park das „Freiligrath-Bänkle“, quasi um die Ecke vom frei zugänglichen Lautenschlägerbrunnen, zum feinen Päuschen einlud. Sein Gedicht „O Lieb“ wurde von Franz Liszt vertont. Der war von seiner eigenen musikalischen Idee dann wohl so begeistert, dass er den berühmten „Liebestraum“ daraus erschuf. Die schlichtere und ergreifendere Freiligrath-Variante wandert weiter ukulelenverschlichtet in mein musikalisches Reiserepertoire.

Schau an, was man am Wegesrand für Neuigkeiten über Altbekannte erfährt

Am Rhein entlang passiere ich sogar eine Werft samt Jachthafen. In der rheinufertypischen, pittoresken Uferortschaft begegne ich einer Dame im leopardengemusterten Kleid beim Müllraustragen. Wir kommen ins Gespräch: Ihr leider verstorbener Mann stammte aus Essen-Borbeck, die Schwägerin lebt immer noch in Holsterhausen, dem Essener Stadtviertel, in das ich vor 30 Jahren zog. Ich lehne ihre Einladung zum Nostalgie-Kaffee dankend ab. Habe ja noch ein gutes Stück Weg vor mir und lerne weiterhin, mit meinen Kräften und Kapazitäten hauszuhalten.

Es geht tatsächlich ein SEHR gutes Stück Richtung Oberwinter, da sich Komoot, meine Wanderapp, spontan überlegt, mich zum Ende dieser heute letztendlich 30 Kilometer langen Tagesetappe noch über einen Berg zu schicken. Ehrlich, der Birgeler Kopf hatte es mit seinen 176 Höhenmetern zum Abschluss richtig in sich. Ganze elf Meter höher als mein Baldeneyer-Berg-Anfang, aber das nur am Rande. Außerdem gab es wieder feine Orts- und Straßennamen: Holundergässchen.
Seiten-Notiz: Mein Stiefelwechsel hat problemlos geklappt und ich bin so froh, wieder meine guten Hanwag zu tragen, sie tragen vielmehr mich.
Kurz, aber sehr knackig und arg steil geht es noch einmal hoch hinauf in von der Abendsonne beschienene Höhnen und dann aber auch ebenso steil wieder hinunter, Richtung Rhein.

Schöne Bescherung an einem Tag, an dem mich der Wunsch, möglichst frei von Tag zu Tag zu entscheiden, wie weit ich will und komme, teuer zu stehen kommt. Sowohl kilometertechnisch als auch monetär. Alle nahe liegenden Unterkünfte sind nämlich ausgebucht, also geht es heute für mich in ein richtiges Hotel. Günstigste Kategorie immer noch doppelt so hoch wie mein sonstiger Schnitt. Da erwarte ich ein bisschen Luxus.

Weit gefehlt, zumindest was das Zimmer betrifft. Klein, dunkel, Erdgeschoss, hinten raus auf den Parkplatz. Blick auf Kühlerhauben und unter mir braust die Heizungsabluft vom Schwimmbad.

Über die Sauberkeit möchte ich an dieser Stelle nicht schreiben. Will es aber auch nicht still erdulden – bei dem Preis! – sondern gehe zurück an die Rezeption und möchte meine Mängelliste angeben. Als ich bei der Badbeschreibung bin und erwähne, dass es ja ein behindertengerechtes Bad ist (der Begriff ist von mir

Moonriver

sicher völlig falsch gewählt, ich bitte um Verzeihung), unterbricht mich die Rezeptionistin entschuldigend, sie hätten halt oft Gäste im Rollstuhl.
Bitte? „Das ist nicht das Thema", antworte ich irritiert, „sondern der Kotstreifen auf dem Duschvorhang."

All das ist vergessen und nichtig, als ich am späten Abend, nach einem wirklich guten Büfett-Abendessen auf der Terrasse sitze und hier vom schönsten und erhebendsten Logenplatz aus den Vollmond aufgehen sehen darf. Danke.

Tag 11: Oberwinter – Remagen – 12 Kilometer

Dieses Hotel kommt mir vor wie ein Relikt aus längst vergangenen 1980er-Jahren. Sowohl, was die Ausstattung und Einrichtung betrifft, aber auch das Publikum, diese gehobene Mittelklasse, die irgendwann die luxuriöse Naherholung für sich entdeckte.
Wie sonst in den Skihotels, steht doch tatsächlich auch im Frühstücksraum eine Glasvitrine mit scheußlichem, aber hochpreisigem Schmuck. Damenschmuck.
Ich schaue mich um und frage mich, welche der Damen hier wohl kurzerhand sagt: „Ach Karl, nehme ich jetzt noch ein Croissant oder doch lieber ein Collier?"
Homo schmuckiensis.

Am Frühstücksbüfett gibt es Köstliches für Gaumen und Dekolleté

Ich habe mich schon länger nicht mehr so als Mensch dritter Klasse gefühlt wie hier.
Das tut meiner Laune überhaupt keinen Abbruch, fühle ich mich mit meinen drei Hemdchen und zwei Unterhosen, mit Wanderhose und -stab sowieso eher außergesellschaftlich, und das ist gut so. Da lässt es sich besser beobachten – sich selbst und das Drumherum.
Wurde sogar schon gefragt, ob ich auf der Walz bin, schönste Auszeichnung!

Stempelstelle im Briefkasten

Die gestrige Etappe war lang und anstrengend, das spüre ich heute. Also geht es gemächlich, sehr lang- und einsam durch wunderschönen Wald mit zahlreichen Wildschweinspuren. Immer wieder schnuppere ich, ob ich die typische Maggi-Note rieche, aber alle Schweinchen scheinen sich im noch tieferen Wald versteckt zu haben – und das ist mir sehr recht! Habe wirklich großen Respekt vor der Begegnung mit Wildschweinen.

Auf einem Tümpel dümpelt eine Ente und ich denke mir: Da schau, die scheint in friedvoller Koexistenz mit dem Wildschwein zu leben. Was kann ich tun, um es im Wesen jetzt der Ente gleichzutun, auf dass die Wildsau mich nicht auf den Radar bekommt?
Interessante Gedankenspiele auf dem Weg zum Franziskus-Denkmal oberhalb der Apollinariskirche über Remagen. Ich bin heute langsam, aber auch entspannt. Adieu Adrenalin. Bonjour friedvolle Akzeptanz, vielleicht sogar Hingabe. Bei Franz und Franzi darf es heute gern etwas tiefschürfender sein.

Über der Apollinaris Kirche. Von links nach rechts: Franzi, Franz, Rucksack, Stab

Von Tag zu Tag nimmt dieses Gefühl mehr Raum ein: Bitte kein Kampfmodus mehr, kein Angriff oder Flucht-Verhalten, wie es mich in der Vergangenheit unterschwellig doch mehr begleitete, als mir bewusst war und lieb ist. Eindrucksvoll erlebt noch kurz vor der Abreise. Da bekam ich beim Zahnarztbesuch wegen einer etwas größeren Aktion eine Betäubungsspritze, und der beste aller Zahnärzte sagt noch: „Da ist übrigens Adrenalin drin. Kann sein, dass Sie etwas Herzklopfen bekommen.“ Und – Zack! – Dannheim unter Strom. Nicht nur Herzklopfen, nein, das ganze Programm, wie es sich in den vergangenen Zeiten mit gestiegenen Anforderungen-Überforderungen angefühlt hat. Heute halte ich das kaum aus, will keinen Stress mehr. Noch nicht mal mehr aus der Zahnarztspritze.

Keinen Stress will sie also mehr, die Dannheimerin, und läuft langsam. Fragt sich wieder einmal, ob der Namenspatron nun zu oder mit den Tieren gesprochen hat, und ob ihm die Pflanzen auch etwas sagten? Mir sagen sie etwas. Wenn ich hier die betörende Süße vom wilden Geißblatt rieche, denke ich sofort an frühere Erlebnissen im Zusammenhang mit diesem Duft. Es ist wohl das limbische System, unser Reptilienhirn, das diese Verknüpfung herstellt, und wer weiß: Vielleicht konnte unser Echsen-Schädel damals ja noch mit den ekstatischen Pflanzenseelen kommunizieren? Ich bemühe mich.

Köstlichkeiten am Wegesrand

Heute gibt es zum Vesper Waldhimbeeren vom Wegesrand im Überfluss! Dafür brauche ich noch nicht mal mein Taschenmesser, das in der perfekt und eigens für meine Reise angefertigten Hülle ruht.

Ich esse also soviel mir passt und bin dankbar über die großzügige Fülle. Nehme nichts mit, versuche nicht, irgendwo welche für später zu verstauen. JETZT ist der Genuss. Kein Horten.

Wieder denke ich an den Großvater, den mit der „Wetterhex". Er sagte einmal: „Dein Sarg hat auch keinen Anhänger!", allerdings auf Schwäbisch.

Den Mund noch voll Himbeeren, erreiche ich die Apollinariskirche. Sie erinnert mich von außen ein wenig an Hogwarts. Da fallen mir die hässlichen Hexen von Odenthal wieder ein, und dass wir alle spätestens seit Harry Potter wissen, was für hübsche Gestalten sich auf Besen durch die Lüfte schwingen. Hach, was gäbe ich für eine Partie Quidditch. Danke, Frau Rowling.

Apollinariskirche zu Remagen

Remagen ist nun erreicht und der Weg in meine heutige Schlaf-Residenz mit dem hübschen Namen „Pension Vanoli" nicht mehr weit. Schnell ist klar: Hier werde ich einen Pausentag einlegen. Dass mein Pensionswirt Schuhgröße 50 hat und passende Rollschuhe aus den 80ern, Original aus San Francisco, im Flur stehen, ist nur eines von vielen reizenden Details. San Franziska freut sich.

Discoroller, genau mein Ding. Inliner sind nichts für mich

Tag 12: Pausentag in Remagen

Nach starkem Regen und einer erholsamen Nacht kommt mir dieser weitere sechste Tag meiner persönlichen „Erschöpfungsgeschichte“ wie frisch gewaschen vor. Ein kräftiger Wind weht und ich freue mich darauf, nach dem Frühstück mit dem Schreiben zu beginnen, im Schatten einer blühenden „Aristolochia

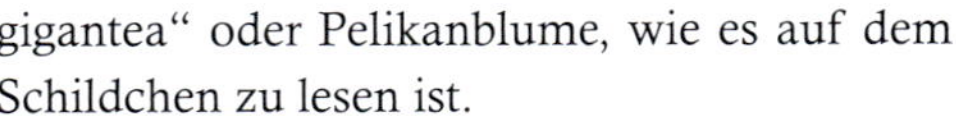

gigantea“ oder Pelikanblume, wie es auf dem Schildchen zu lesen ist.

Mein Schreibplatz in der Pension Vanoli

Es sind wirklich nicht nur mein Körper und die Muskulatur, die diese Pause benötigen. Auch mein Geist und meine Seele benötigen Ruhe, um das Erlebte zu reflektieren und zu sortieren.

Zur Mittagszeit mache ich einen kleinen Ausflug, um das Friedensmuseum an den Brückenresten von Remagen zu besichtigen. Hier hat sich Ende des Zweiten Weltkriegs Dramatisches ereignet. Die Amerikaner konnten diese für den Transport nach Westen wichtige Bahnbrücke überraschend flink besetzen. Darüber gibt es wohl sogar einen Film. Im Anschluss stürzte die Brücke doch noch ein, und aus dem angrenzenden Auland wurde ein menschenunwürdiges Kriegsgefangenenlager.

Auf dem alten Wimpel steht die Brücke noch

Daran wird hier erinnert mit dem dringenden Appell, dass sich so etwas nicht wiederholen darf. Homo kriegerensis.

Auf dem Heimweg gibt es für mich ein wunderbares Abendessen am Rhein, ich schaue in die eine Richtung, von wo ich herkomme und dann stromaufwärts, wo ich hin will. Aufwärts – abwärts, das ist manchmal verwirrend. So komme ich noch mal auf „von A nach B“. Vielleicht will ich auf B ja gänzlich verzichten und lieber auf dem Weg bleiben? „B“ wie „Bis auf Weiteres“?
Darauf einen Grauburgunder, der Weißburgunder ist mir zu süß.

Nach dem Essen verkrieche ich mich wieder still und dankbar in meinem Zimmer in der Pension Vanoli. Das ist für mich und heute der beste Ort.
Waden sind erholt, Wechselwäsche frisch gewaschen und bereit fürs nächste Kapitel „franzi geht dann heim“.

Remagen – Appenheim

Auf diesem Abschnitt kommt so manches anders als geplant. An anvisierten Zielorten ist ab und an kein Zimmer frei. Außerdem bin ich ob der wirklich gnadenlosen Hitze in diesen Tagen zwar jeden Tag – und das mit größter Freude – gelaufen, aber zum Teil andere Routen, kürzere Etappen.
Also wird es Tag acht, bis ich den ersehnte Pausentag im hübschen Winzerhof Schmitt in Appenheim erreiche. Dringend benötigte Zeit und Ruhe und Stillstand für Auge, Geist und Gestell, um alle Eindrücke, Erlebnisse und Gespräche und Wege der vergangen acht Tage zu sortieren, quasi als Anker für meine pilgernde Seele. Ich kippe zum Teil schon sehr aus dem Alltagserleben raus und lausche den verschiedensten Stimmen, die da in den Wäldern und Seen, Flüssen und Klippen raunen.

Tag 13: Remagen – Andernach – 22 Kilometer + Zug

Die Pension Vanoli war wirklich nicht nur vom Namen her ein entzückender und erholsamer Ort.
Ich breche auf, besuche die Kirche, singe erst ein „sakrales Ständchen“ und danach spontan mein erstes Lied des Tages, nämlich „Am Brunnen vor dem Tore“, angeregt durch die gegebene Kulisse. Diese „Lieder des Tages“ wird es fortan dann auf Instagram und Facebook zu hören und sehen geben. Ebenso wie meine täglichen Kurzberichte.
So will ich's also weiter handhaben: singen, wann immer und wo immer es mir zu Mute ist. Spannend, welche Lieder aus Seelentiefen auftauchen und sich fortlaufend ein Soundtrack meiner Pilgerreise herausschält.

Ich entscheide, ein Stück der Strecke, nämlich bis Brohl, mit dem Zug zu fahren. Vor dem Bahnhof steht eine ehemalige Telefonzelle, umgebaut zum öffentlichen Bücherschrank. Mein Hirn denkt sich: „Ach, wär doch schön, wenn ein Büchlein über den Heiligen Franziskus dabei wäre.“ Was soll ich sagen – Zack! – schmales Bändchen, perfekt für den Rucksack. Das rechte Wünschen ist eine hohe Kunst.

Ein Kirchgesang am Morgen vertreibt Kummer und Sorgen

Passende Lektüre zum Franziskuskreuz

Der Weg ab Brohl hat wahrlich alpine Qualitäten, sehr steil, teils auf dem nackten Felsen, seilversichert, und auf beiden Seiten geht es senkrecht herunter. Krüppeleichen säumen meinen Weg, an dessen Rand ich die sterblichen Überreste einer Amsel beerdige – würdevoll, mit Blumen und Gesang.

Endlich auf dem Hochplateau angekommen, verändert sich der Eindruck schlagartig: Ich stehe mitten im Lava-Basalt-Steinbruch eines ehemaligen Vulkans. „Hohe Buchen" heißt der Ort. Und wirklich, jetzt sind's Buchen, statt Eichen.

Die Schautafeln erzählen eine lange Geschichte vom Ausbruch des Vulkans und der Geologie, von den Römern, die mit diesem Gestein nicht nur die Koblenzer Brücke und anderes bauten, bis zur wechselvollen Nutzung bis ins 18. Jahrhundert. Die Stimmung hier ist eindringlich. Starke Kräfte aus dem Erdinnern eben. Drachenkräfte. Ich rechne jeden Moment mit Flugsauriern.

Ich stehe auf einem Lavasee, zum Glück erkaltet

Nach Verlassen des Waldes begleiten mich Fuchs und Libelle und ein bisschen viel Sonne über die Felder hinunter nach Namedy. Auf diesen Ort hatte ich mich gefreut, allein der Name klingt irgendwie aristokratisch. Außerdem hatte ich von den Schlosskonzerten gehört.

Was soll ich sagen: Namedy, das wurde an dem Tag nix mit uns beiden. Kirche geschlossen. Einziges Café und Stempelstelle am Ort: seit Monaten geschlossen. Schloss: nicht zu besichtigen. Noch nicht einmal eine Postkarte konnte ich erstehen.
Dafür hatte ich ein tolles Gespräch mit fussballspielenden Jungs auf dem Schulhof. Wieder einmal war es mein Pilgerstab, der das Interesse weckte. Die Fragen waren unverstellt, warm und herzlich interessiert. Mütter kommen um die Ecke,

eher skeptisch. Vielleicht ist meine Erscheinung allmählich „landstreicheresk". Eine Landstreicherin könnte ich sein.

Ja, damit fühle ich mich sehr wohl, vielleicht sogar „Landstreichlerin". Genau so: Landstreichlerin! Endlich habe ich ein passendes Wort, quasi meine Berufungsbezeichnung. Mit jedem Schritt, jedem Tritt eine Berührung, ein Gebet für Mutter Erde, die sich mir auf dieser Reise in all ihren feinen Wandlungen und Veränderungen zeigt. Anfangs noch Holunderblüte, dann Lindenblüte, gefolgt von Kirsche.

Ich schleppe mich nach Andernach. Bekomme ein Pilger-Zimmer im Sankt Nikolaus-Stifthospital. Früher Kloster, heute Krankenhaus. Wirklich eindrucksvoll, welch unterschiedliche Schlafstätten ich dank meines Pilgerausweises erleben darf.

Zur heiligen Messe in der Kirche Mariä Himmelfahrt traue ich mich zum ersten Mal, an einem Abendmahl teilzunehmen. Für mich selbst ist das ein friedliches Zeichen, auf welchen Wegen ich mich mit meiner christlich evangelischen Taufe und Konfirmation aussöhne.

Mein Franziskus-Büchlein liegt auf dem Nachttisch im Nikolausstift, und ich esse Nudeln am Marktplatz, bevor ich zu Büchlein und Bett zurückkehre.

Hospitalkapelle St. Nikolaus und Elisabeth

Tag 14: Andernach – Koblenz – 19 Kilometer + Bus

Der Tag beginnt mit einem wunderbaren Blick vom Bett aus, durchs Fenster zum Kirchturm. Golden prangt er in der Morgensonne. Eine wirklich agile Rockerbande von Schwalben übt sich in tollkühnen Flug-Kapriolen: „Die Schwalben umfliegen den goldenen Turm“ so lautet eine wunderbare Übung aus dem Tai Chi; wusste gar nicht, dass Nikolaus was damit zu tun hatte.
Es folgt eine interessante Frühstückserfahrung im Krankenhaus-Café, das ich als Pilgergästin besuchen darf. Außer mir sind nur ein paar übernächtigte Pflegepersonal-Mitarbeiter da. Ich bin von der Selbstbedienungstheke überfordert und verstehe nicht, wie ich an die einzelnen Dinge komme. Verliere ich Alltagshirnkapazitäten? Bin ich noch gesellschaftstauglich? Wenn ja, was will ich davon überhaupt noch sein, repräsentieren, erfüllen, auf mich nehmen?

Im Tante-Emma-Laden um die Ecke gibt es dafür wieder ein Geschenk der menschlichen Begegnung: Die Verkäuferin ist ein Musterbeispiel für Humor und Geduld, wie sie da zwischen Milch und Käse, Toilettenpapier und Waschmittel, Edelkonfekt und Stickgarn thront.

Granatapfel-Blütenknallfarben-Farbpracht

Toll, dass sich die Stadtreinigung farblich sogar auf die Granatapfelblüte abstimmt

Andernach ist wirklich besuchenswert mit seiner uralten Geschichte und Architektur, die noch heute die Römer erahnen lassen. Völlig zu Recht mehrfach ausgezeichnet als essbare Stadt, gedeiht hier Granatapfel neben Feige an der Stadtmauer. Statt Blumenrabatten gibt es Himbeeren und Johannisbeeren – alles für jederfrau zu ernten. Vorbildlich und wunderschön anzusehen!

Den Geysir werde ich mir ein andermal ansehen. Die Touristenführung durchs Erlebniszentrum, um dann mit dem Schiff zur Besichtigung dieses Naturereignisses geschippert zu werden, das passt gerade nicht zu mir und meinem Weg. Überraschend schnell finde ich mich auf freiem Feld wieder. Ewig weite Kornfelder, und die Sonne steigt.

Voilà – mes cerises aujour d'hui – eine Pracht

Irgendwann beginnen sie, die Kirschfelder. Mühlheim-Kärlich hat wirklich prächtige Kirschplantagen und rühmt sich selbst mit dem Lied „Mir han die deckste Kirsche", sicher zu Recht.
Mein persönliches Lied des Tages wird Carla Brunis „Le temps perdu", von wegen der Zeit der Kirschen und der Rosen, die sie darin besingt.

Zur Feier des heißen Tages: Amarenabecher de luxe

Dann geht es weiter über Felder. Unerbittlich heiß wird es. Bei einer fast komatösen Pause unter dem einzigen Walnussbaum weit und breit beschließe ich, meine heutige Tour nur noch bis zur nächstgelegenen Eisdiele zu führen, die glücklicherweise nicht weit, direkt an meinem Weg, am Ortseingang von Koblenz liegt.
„Eiszeit" ist der Name, und wieder jubeln ein paar Mädchen bei meinem Anblick, das heißt, beim Anblick meines Stabes: „Das ist der schönste Stock, den ich je gesehen habe!" Finde ich auch.

Geschenk des Tages: Der gute Gatte kündigt sich überraschend an und sammelt mich mit dem Wohnmobil direkt vor der Eisdiele ein, kratzt das zusammen, was noch von mir übrig ist.

Der Tag endet sehr bald und sehr erschöpft nach kurzem Biergartenaufenthalt am Deutschen Eck, samt pittoresker Fährüberfahrt. Wirklich ein schönes Eck, dieses Deutsche Eck. Für meiner eine sind das heute aber zu viele Menschen, zu viel Stadt und vor allem zu viel Hitze. Diese Kombination bekommt mir gerade gar nicht gut. Diese zweifellos schöne Stadt werde ich mir bei anderer Gelegenheit genauer ansehen.

Tag 15: Koblenz – Rhens – 15 Kilometer

Der Start am Rheinufer Koblenz-Oberwerth lässt mich schon am Duft erahnen: Die Landschaft verändert sich wieder. Ich liebe das Mittlere Rheintal mit seinen steilen Kluften und Ufern. Schnell geht es in den Wald und da bleibe ich heute über sehr weite, angenehm kühle Strecken.

Meine Gedanken fließen dahin und ich stelle fest, dass ich mehr und mehr nach vorn schaue, und dass es wahrscheinlich kein Zurück mehr gibt. Zurück zu dem, wie es davor war. Was das genau bedeutet, werde ich in den kommenden Kilometern und Tagen und Wochen erpilgern.

Wilde Wege. Und längst nicht alle führen sie nach Rom

Der Wald tut mir so gut – wem nicht! Irgendwann sehe ich ein Abzweigschild „Zum Merkurtempel“ und ich spüre, das lockt mich sehr. Nach reiflicher und sehr vernünftiger Überlegung streiche ich diese Sonderschleife allerdings, denn ich habe Respekt vor dem noch zu laufenden Weg. Bleibe also beim Jakob, nix mit Merkur und Götterbote und so weiter.

Kirschbauer: Seit diesem Gespräch weiß ich mehr über meine Lieblingsfrucht und ihr Gedeihen

Zum Ende der Etappe geht es dann doch ein heißes Stück über Felder und entlang kleinerer Kirsch-Gärten. Im letzten werkelt ein reizender Kirschgärtner. Unfassbar pralle, saftige und tiefschwarze Kirschen mit dem passenden Namen „Sweet Heart“ sortiert er hier von Hand in hübsche Verkaufs-Körbchen. Ich erfahre einiges über die Kirschernte im Allgemeinen und diese im Speziellen und genieße diese Götterfrüchtchen dann im kühlen Schatten beim Jüdischen Friedhof oberhalb von Rhens.

Hier endet heute meine zu Fuß erwanderte Etappe.
Apropos Götter: Was für eine großartige Fügung, dass meine vom Gatten mobilisierte Übernachtung heute bei der „Eisernen Hand“ stationiert ist. Wieder mitten im Wald, herrlich kühl UND gerade mal 500 Meter vom Merkurtempel entfernt. Zufälle gibt es nicht – alles gehört zum Weg.
Ehrensache, dass ich noch einen Abendspaziergang dorthin mache. Und es ist ein wirklich besonderer Ort. Die Ruine eines römischen Tempels, in dem die römische Bevölkerung einst nicht nur Merkur, sondern auch die gallische Göttin Rosmerta verehrten. An den Überresten des einstigen Altars sind scheußliche Spuren eines modernen Plastik-Schamanismus zu erkennen. Ich räume auf und übergebe Kirschen und Walderdbeeren an die guten Geister.

Merkur und Rosmerta – hier wurde ihnen gehuldigt

Heute hat sich alles gefügt. Manche Wege nicht gemacht, anderen Umweg gemacht und am Ende genau am gewünschten Ziel angekommen. Wünschen muss man können.

Tag 16: Eiserne Hand – Sankt Goar – 17 Kilometer + Seilbahn

Heute entscheide ich ganz kühn, der Waldeskühle wegen, den Eifel-Camino zu gehen und nicht dem Linksrheinischen Jakobsweg zu folgen. Eine sehr gute Entscheidung. Der weite Blick über dieses unberührte Eifelgebiet lässt tief atmen.

Kein schöner Land in dieser Zeit

Weitere Liederfetzen aus längst vergangen Tagen schweben durch mein Hirn oder aus meinen Seelentiefen und ich bekomme langsam das Gefühl, dass da bunte, wohlklingende und sattfarbene Puzzleteile zusammenkommen. Heute ist ein Fragment eines griechischen Popliedes, das ich als Jugendliche mit, besser VON meiner damaligen Herzensfreundin Lena beigebracht bekommen habe, rein phonetisch. Und was davon nach 40 Jahren in meinem Hirn übrig geblieben ist, singe ich ihr per Mobil-Phone vor, mit der inständigen Hoffnung, dass sie mir weiter auf die Sprünge helfen kann. Zwei Minuten später habe ich den Link zum Lied und ihre selige Beteuerung, gerade ebenso wie ich den Vergangenheits-Flash genossen zu haben: zwei Freundinnen heulen, die eine weiß nicht wo, die andere hoch droben mit berührendem Blick in die Eifel. Danke, Technik. Übrigens: Das Lied heißt „I mousikí“ – Musik, was sonst.

Durch den Wald nähere ich mich quasi von hinten wieder dem bezaubernden Mittleren Rheintal, passiere dabei erst einen ausgewiesenen Hexentanzplatz und dann stehe ich vor der monumentalen Engelseiche. Engel, wegen Engelbert Humperdinck, der hier oben wohl seine kreativen Inspirations-Spaziergänge machte, um die Ideen dann unten in seiner Villa in Boppart niederzuschreiben. Es ist völlig stimmig, dass einer hier auf die Idee kommt, um Hänsel und Gretel eine Oper zu komponieren, die ich persönlich nie recht mochte, außer den „Abendsegen“. Der wird also spontan zum „Lied der Tages“, gesungen unter der Eiche. Ich sinniere über die vierzehn Engelein und ob es bei mir nicht vielleicht vierzehn Musen sind, oder vielleicht sind meine Musen meine Schutzengel, wer weiß?

Dann geht es an die steil abfallende Rheintalkante. Zwei malerisch gelegene Biergärten schenken unfassbar schöne Ausblicke auf diesen von mir so selig neu entdeckten Landstrich.

Verrückt, was für Schleifen sich Mutter Natur hier für Vater Rhein ausgedacht hat

Krönung des Ganzen: Mit einem sensationell langsamen Sessellift gondle ich in die Tiefen. Wäre vielleicht doppelt so schnell gelaufen, hätte in der gellenden Sonne aber mindestens doppelt so viel geschwitzt.
Ehrlich: Bei diesem Wetter permanent in Bewegung und dem Wetter ausgesetzt, ist es eine Herausforderung, wirklich immer genügend zu trinken. Am besten keinen Alkohol.

Zum Abend gelange ich per Bus noch nach Sankt Goar, direkt an den guten, alten Vater Rhein, der hier einen ruhigen Abzweig hat. Ich steige in den Fluss.
Zum ersten Mal schwimme ich richtig im Rhein, erfrischend, wie erhebend. An der hintersten Biegung erahne ich die Loreley, die es morgen zu erkunden gilt, und bin im Glück.

Hurra! Erstes Bad im Rhein

Tag 17: Sankt Goar – Oberwesel – 14 Kilometer

Sankt Goar ist also der Ausgangspunkt meiner heutigen Etappe. Ich erfahre, dass der Heilige Goar ein Bettelmönch war, der hier einst in einer Höhle lebte und sich um die Schiffer gekümmert hat. Dringend nötig, gegenüber der Loreley!

Ich weiß, ich wiederhole mich, aber diese Gegend ist so schön! Die Etappe zeigt wieder die beeindruckendsten Aussichten. Aber eben auch die schmerzlichen Schäden, die die Natur, der Wald hier genommen hat. Ich lese ein Aufklärungsschild: „Schäden, die der Klimawandel verursacht hat". Falsch! Es sind Schäden, die der Mensch verursacht hat, weil sein Verhalten den Klimawandel befeuert hat. Löblich, dass die Aufmerksamkeit gerichtet werden soll, aber bitte auch das Verantwortungsbewusstsein.

Wünschend glücklich und gekühlt

Am Wunsch-Wasserfall führt der Weg vorbei, unter dem ich mir noch eine schöne Abkühlung gönne, bevor es dann hoch und steil hinauf

Dank an die drei Herren Brentano, Heine und Silcher. Prompt hebe ich zum Lied des Tages an, welches wohl?

Steiler Aufstieg zu Sankt Martin

geht zum Lokal „Marias Ruh“ – „und die Loreley schaut zu“. So steht es auf dem Eingangsschild zur Gastronomie, und richtig: Der Blick fällt hier von oben auf die Felsnase der Loreley. Von diesem erhabenen Platz aus wird der drei Väter des berühmten Loreleyliedes gedacht.

Kleine Randnotiz: Natürlich kommt es vor, in freier Natur einmal austreten zu müssen. Ich gebe mir immer größte Mühe, wirklich tief im Unterholz zu verschwinden und keine Spuren zu hinterlassen, also Mulde graben, alles versenken und Mulde zuschaufeln.
Hinter „Marias Ruh" waren an meinem anvisierten Stillen Örtchen schon andere zugange: Grabwespen, die es nicht mögen, wenn man sie in ihren Grabehöhlen aufstöbert. Das Gute an der Sache ist, ich weiß jetzt sicher, dass ich gegen Wespengift NICHT allergisch bin.

In Oberwesel führe ich ein reizendes Gespräch mit der Dame vom Gemeindebüro. Sie schickt mich zur Liebfrauenkirche. Auf dem Weg erfahre ich von der einstigen Wernerkapelle, die hier in Oberwesel kurzerhand umgetauft wurde, nachdem eben jenem Werner offiziell der Heiligenstatus abgenommen wurde.
Diese ganze Geschichte ist ein wichtiges Mahnmal gegen jede Form von Antisemitismus. Jener Werner kam einst wie auch immer zu Tode, und aus dem Nichts heraus und völlig haltlos wurde behauptet, Juden hätten ihn umgebracht, was prompt furchtbare Folgen hatte.
Und nun hat es hunderte von Jahren gedauert, diese auf falschen Behauptungen basierende Scheinheiligkeit aufzulösen. In Oberwesel also einfach durch Umbenennung. Das stimmt mich sehr nachdenklich. Im Nachbarort Bacharach gehen sie damit anders um, mehr dazu morgen.

Diesen Türschlüssel kann man nicht so leicht verschlampern

Ich habe Glück und komme genau rechtzeitig zur imposanten Liebfrauenkirche. Der Schlüssel, mit dem die reizende Ehrenamtliche namens Ev das Gotteshaus aufschließt, ist uralt und riesig, wie sich das gehört.

Das dreieckige Kirchenfenster fällt mir in seiner besonderen Farbpracht sofort ins Auge. Die Akustik in der Kirche ist ebenfalls wunderbar. So leicht trägt die Stimme, fliegt sanft hinauf in die Kuppel. Ja, da war was … die Frage nach der Stimme und der Bestimmung. Erst nachdem mein letzter Ton verklungen ist, kommt die ehrenwerte Kirchenbetreuerin mit dem großen Schlüssel hinter einer Säule hervor. Sie war nicht, wie angekündigt, gleich wieder weg. Nein, sie wollte sich „das doch nicht entgehen lassen". Beide, jede auf ihre Weise sehr zufrieden, verabschieden wir uns.

Tag 18: Sankt Goar – Bacharach – Bingen – 6 Kilometer + Schiff

Heute ist, glaube ich, der heißeste Tag meiner bisherigen Tour. 37 Grad sollen es werden. Also beschließe ich, diese Etappe etwas zu vereinfachen, also den Temperaturen anzupassen.
Wie könnte ich das mondäner gestalten, als mit einer Rheinschifffahrt! Mit drei „F"!

Ach, Bacharach! Was bist du zauberhaft

Richtig und wahrhaftig zu Fuß geht es in Bacharach los, einem wirklich bezaubernden Städtchen. Dass hier auch schon die Römer waren, ahnt man. So viele uralte Inschriften an den Häusern zeugen von einer grundsätzlichen Redlichkeit – meine ich zumindest da heraus zu lesen.

Die Dame bei der Tourist-Information kredenzt mir nicht nur den Stempel in meinen Pilgerausweis, wir unterhalten uns ein feines Weilchen. Ja, die Begegnungen sind immer wieder bemerkenswert.
Ich besichtige und besinge die Kirchen St. Peter und St. Joseph, und trotz der wirklich sengenden Hitze beschließe ich, zur hiesigen Wernerkapelle hochzusteigen.

Wernerkapellen-Skelett

Die Oberschenkel brennen. Aber was ich dann zu sehen bekomme, ist alle Mühe wert. Hier in Bacharach kannten sie auch die Legende um jenen Werner, hier wurde aber nicht einfach umbenannt, Geschichte vertuscht und fein ist – Nein: Hier steht diese Kapelle quasi als skelettiertes Mahnmal und fordert unmissverständlich zur Toleranz unter den Religionen auf.

Wieder einmal gellt in mir die Frage, warum gerade unter diesen drei abrahamitischen Religionen soviel Gräueltaten unter dem Deckmantel des einzig Wahren geschehen sind und nach wie vor geschehen. Wann werden wir endlich verstehen und leben, dass es einzig und allein ums Mensch-sein geht, weder Frau noch Mann, egal welche Konfession, Konfektionsgröße, sexuelle Orientierung, Haut-, Haar- oder Augenfarbe oder Kontostand. Mehr noch: Wesen-sein, neben Pflanzen und Tieren. Mensch, werde wesentlich!

Mit diesen Gedanken besteige ich erneut den Dampfer und genieße den letzten Abschnitt dieser wunderschönen Mittleren Rhein-Gegend vom Wasser aus.

Eine Schifffahrt, die ist lustig, eine Schifffahrt, die ist kühl – mit drei „F"obendrein

Einmal mehr beglückwünsche ich mich zu meiner Entscheidung, dieses Land, in dem ich lebe, zu Fuß oder eben vom Wasser aus zu erkunden, um all die feinen Veränderungen zu sehen.

In Bingen kocht der Asphalt. Der Eiskaffee vom Kiosk direkt an der Landungsbrücke ist wirklich köstlich. Leider viel zu schnell „verlöscht". Er kühlt exakt die paar Meter bis zum Museum am Strom, ehemaliges Elektrizitätswerk, in dessen schönem Gemäuer heute unterschiedliche Themenfelder ausgestellt werden, vor allem Hildegard, die Heilige von Bingen.

Die sich über zwei Stockwerke entwickelnde Ausstellung zeigt die historische Hildegard, setzt also Faktisches dem Überlieferten im zeitlichen Kontext gegenüber. Aber auch die Mystikerin, die Visionärin, die Prophetin wird gezeigt, und im Außenbereich befindet sich natürlich auch ein mühsam bewässerter Schaugarten ihrer bevorzugten und von ihr beschriebenen Heilpflanzen.

Ich war vor einigen Jahren schon einmal auf der Durchreise hier. Jetzt, auf meinem Pilgerweg, fallen einige Informationen, Inhalte und Inspirationen auf ganz anderen Boden. Wieder muss ich feststellen, dass diese Jakobs-Pilgerei wirkt.

Museums-Infoblatt und eine Postkarte mit Hildegards Vision von den Chören der Engel. Ob es vierzehn sind, müsste man nachzählen

Ich hatte mir nicht vorgenommen, mich auf einen spirituell-religiösen Weg zu machen. Der Jakobsweg bot sich als perfekt verlaufende Wegverbindung einfach an. Jetzt sehe ich das anders und singe in der angenehm kühlen Kirche.

Der Weg zur traumhaft gelegenen Jugendherberge ist wirklich beschwerlich, weil nahezu unerträglich heiß. Was bin ich froh, so nett hier empfangen zu werden, direkt in mein Zimmer zu kippen und am Abend, quasi vom Logenplatz aus, das lang ersehnte und leider knapp ausfallende Unwetter zu bewundern.

Etliche große Spinnen kommen zur Dämmerung aus irgendwelchen Mauerritzen gekrabbelt. Ich lasse sie bereitwillig ihre Netze vor meinem Fenster spinnen, so bewahren sie mich vor den Mücken, die es hier in unmittelbarer Wassernähe zwischen Rhein und Nahe natürlich gibt.

Der Blick – unbezahlbar! Diese JuHe lässt wirklich gar nichts zu wünschen übrig

Mit dem Bild vom beschützend gesponnenen Netz, in dem ein Faden von A nach B und immer weiter geführt wird, auf dass ein engmaschiges Feld entsteht, schlafe ich früh ein und spüre genau, dass jetzt eigentlich schon dringend Ruhetags-Zeit wäre, hätte, sollte, wollte. Doch die JuHe ist ausgebucht. Morgen muss ich weiter. Darf ich weiter. Will ich weiter.

Tag 19: Bingen – Appenheim – 12 Kilometer

Es gibt wirklich kaum etwas Erfrischerenderes, als in einer Jugendherberge zu übernachten, wenn man KEINERLEI Verantwortung für irgendjemand anderes trägt, als sich selbst. Herrlich zu beobachten, wie sich diese meist recht unausgeschlafene Jugend das Frühstück der Wahl drapiert.

Ein Ständer voller Süßerlei Kinderträume – Wunderbare Erinnerungen an die eigene Vergangenheit als Mädchen und als junge Mutter

Nussnougatcreme ist der Schlager! Und natürlich gibt es den obligaten Früchtetee und das TriTop-ähnliche Orangengetränk. Meine Sonne scheint schon wieder.

Heute verlasse ich mit gewisser Wehmut den Linksrheinischen Jakobsweg. Es war wirklich ein ganz besonders schönes Erleben entlang dieses sagenumwobenen Stroms durch tiefe Kluften und über strahlende Höhen zu pilgern. All die Orte, deren Namen einem oft doch nur vom Autobahnabfahrtsschild her bekannt vorkommen, nun zu ergehen.

Schöne Bescherung. Danke, Steffi, fürs Naturbad mit Picknick

Eine besondere Überraschung erwartet mich obendrein. Kurzerhand bekomme ich Besuch von einer lieben Bekannten, die quasi um die Ecke wohnt. Steffi kommt mit ihrem kleinen feuerroten Flitzeauto angebraust. Kurz darauf genießen wir zwei ihr liebevoll eingepacktes zweites Frühstück samt Croissant, Kaffee und Tee direkt am Beckenrand des wunderschönen Naturfreibades Bingen, quasi über meiner Jugendherberge gelegen.

Frisch gebadet geht es für mich im Anschluss wieder heraus aus der Stadt, ab auf die Weinfelder. Richtig: Felder sind es, keine Berge. Vorbei sind die von der Sonne verbrannten Steilhänge am Rheinufer. Mir wurde versichert, dass sich auch diese verdorrten Rebstöcke allesamt wieder erholen, wenn sie älter als acht Jahre

Jetzt verlasse ich das Rheinufer und bleibe auf dem Camino bis Worms

sind. Dann reichen ihre Wurzeln nämlich tief genug, um noch ausreichend mit Wasser versorgt zu sein. Ja, ein gewisses Alter und das Entwickeln von gesunden Wurzeln kann sehr hilfreich, sogar überlebensnotwendig sein.

Ich komme am ehemaligen Kloster auf dem Jakobsberg vorbei, das heute ein Bildungshaus ist und nach wie vor traumhaft schön liegt. Weiter geht es über den Laurenziberg gen Appenheim. Bin doch ein wenig sentimental, dass ich dem Rhein den Rücken zugekehrt habe, und sei es auch nur für drei oder vier Tage. Ich habe das Gefühl, in ein „Tal des Todes“ hinabzusteigen. Unwirtlich wirkt es, weil ausgetrocknet, viele tote Tiere säumen meinen Weg: Maus, Amsel, Schlange, Waschbär – der Größen-Reihenfolge nach. Allesamt mit Blum & Sang beerdigt.

Hier entstehen erste Worte, Zeilen und Melodie-Fragmente; später weiß ich, dass es mein Pilgerlied wird. Mein eigenes Pilgerlied, auf das ich gut laufen kann. So, wie es mir Bruder Dirk in Beyenburg ans Herz gelegt hat. Zwei Wochen ist diese Begegnung erst her. Oder schon?

Und dann wird es schön im schattigen Tal. Bei der zweiten Mühle, dem Lokal „100 Gulden Mühle“, bekomme ich mit größter Sorgfalt einen Stempel in meinen Pilgerpass verpasst. An der Außenwand lehnt ein alter Mühlstein und kredenzt den Impuls zum Lied des Tages: „In einem kühlen Grunde“. Kühl war der Tag im Grunde allerdings nicht.

Mein Tagesziel erreiche ich im hübschen Winzerhof Schmitt. Als ich nach der dringend nötigen Dusche noch etwas zu Abend essen möchte, stelle ich fest, dass es in der für mich heute noch fußläufig erreichbaren Gegend kein geöffnetes Gastlokal gibt.
An der Ecke steht ein öffentlicher Kühlschrank, bestens bestückt mit Kirschen und Aprikosen. Ratet mal, was mein Abendessen wurde?

Frei nach Modern Talking: Kirsche, Kirsche, Dame

Und ich habe mich noch gefragt: Was ist dran, an der alten Mähr, dass man auf zu viel gegessene Kirschen kein großes Glas Wasser trinken sollte, wegen drohender Bauchschmerzen.

Gut, von Schmerzen kann wahrlich nicht die Rede sein, aber ein knappes Pfund kühlschrankkalte Kirschen und ein halber Liter Wasser haben meinem Magen über Nacht nicht ganz so gut gefallen. Das mache ich beim nächsten Mal anders.

Tag 20: Pausentag in Appenheim

Das Frühstück im Innenhof ist wirklich vorzüglich. Nette Gespräche zwischen dem Winzer-Ehepaar Schmitt und uns unterschiedlichen Gästen entspinnen sich. Ich bin ehrlich froh, dass heute keine körperliche Anstrengung ansteht. Voll und ganz widme ich mich also dem Durchforsten meines Tagebuchs, dem Sortieren meiner ergänzenden Erinnerungen und bin froh, dies alles jetzt, da es noch so frisch durch mein Gemüt weht, niederzuschreiben.

Mein bunter Pilger-Leporello

Außerdem erfreue ich mich am Anblick meines bunt bestempelten Pilgerausweises. Ich wollte mir anfangs, in der Vorbereitungsphase, gar keinen besorgen, dachte, das brauch ich nicht. Und wurde eines Besseren belehrt: Nicht nur, dass genau und nur dieser Ausweis mir einige Übernachtungen ermöglicht hat, er bestätigt mir auf eine besondere Weise, welchen Weg ich bereits gegangen bin.

Zum Abend erhalte ich wieder eine Nachricht einer Leserin meines Blogs, welche Inhalte oder welche Anteile meiner beschriebenen Reise sie persönlich ansprechen. Und das ist genau das Schöne: wenn wir uns durch unser Erleben miteinander verbinden können, austauschen können.
Ich denke an die Spinnen vor dem Bingener Jugendherbergsfenster und freue mich, wenn ich andere ein Stück mit auf die Reise nehmen kann, oder eben zur eigenen Reise anregen kann. Es geht also ums Wegeweben und Brückenbauen.

Appenheim – Speyer

Mit diesen Etappen heißt es: Adieu Rhein! Und vor allem auch: Adieu Jakobsweg!
Da ist es nur würdig und recht, diesem ersten Drittel meiner Tour auf dem Jakobsweg einen angemessenen Abschluss zu verschreiben. Bevor ich meine Jakobsmuschel vom Rucksack nehme.
Wer weiß, vielleicht lasse ich sie auch dran. Wobei, dann kommen vielleicht noch häufiger Einzel-Männer auf mich zu, die mir den Weg erklären wollen. Das ist nämlich eine meiner weiteren Beobachtungen, wie die Menschen auf mein Wandern reagieren: Dass bei Paaren oftmals die Frauen interessiert bis sehnsuchtsvoll nachfragen und die Männer eher überfordert sind und Kinder meist auf meinen Wanderstab reagieren, das habe ich ja bereits beschrieben.
Nun habe ich festgestellt, dass Einzel-Männer oft das Bedürfnis haben, mir den Weg zu erklären. Ungeachtet der Tatsache, dass ich bereits drei Wochen ohne nennenswertes Verschollengehen gemeistert habe. Ja, ich bin langsamer. Ja, ich schaue mich öfter und ausgiebiger um, weil ich eben alles wahrnehmen möchte und nicht nur die rechte Wegabzweigung. Das ist ja auch so eine eher pilgermännliche Herangehensweise: Wie lang? Wie viele Kilometer pro Tag? Wie schnell?
Völlig uninteressant in meiner Wahrnehmung. In wie vielen Kirchen gesungen? Wie viele tote Tiere vom Weg beerdigt? Wie oft geweint? Das sind meine relevanten Parameter.

Tag 21: Appenheim – Spiesheim – 25 Kilometer

Mit Appenheim beginnt sie, meine kleine Winzerhofs-Rutsche im Rheinhessischen. Dies hat sich eher zufällig ergeben, wird dann aber ein besonderes Erlebnis. Ich lerne soviel über Weinanbau im Allgemeinen und im ganz Speziellen in diesen Tagen, wunderbar.

Man ahnt, dass es hinter diesem Tor um Wein geht

Mein Pausentag beim Ehepaar Schmitt war wirklich sehr angenehm. Sie haben ihre Weinberge inzwischen verpachtet und bewirten Urlaubsgäste und Durchreisende wie mich aufs Reizendste. Beide Wirtsleute sind interessiert und hilfsbereit und haben ihren Innenhof aufs Vorbildlichste bepflanzt. Eine kleine Petunien-Blüte fällt kurz vor meinem Aufbruch auf den Frühstückstisch und erinnert mich sofort an meine Großmutter, beziehungsweise ihren Balkon, den sie immer mit diesen bunten Mini-Trompeten bepflanzte.

Hier fällt es mir zum ersten Mal auf, dass und wie sich nicht nur die Landschaft verändert, sondern auch der Dialekt. Ich kann es nicht richtig erklären, aber seit Wuppertal ist es von Tag zu Tag ein fast unmerklicher Wandel von diesem bergischen Platt übers rheinländische Kölsch, zum mittelrheinischen Hessisch, zum Pfälzer Singsang, wunderbar.

Sonnige Schwestern am Wegesrand

Und ja: Ich spüre irgendwo tief in meiner DNA, dass ich mich meiner Heimat nähere. Bald wird es schwäbisch und irgendwann bayrisch … nahtlos, übergangslos. Auch wenn jeder Einheimische, mit dem ich rede, natürlich und sicher mit Recht darauf besteht, dass die im Nachbardorf „gaaaanz anäschter babbeln“, so höre ich den Wechsel ganz langsam.
Vieles wird bei mir in der Wahrnehmung immer langsamer, und das ist gut so. Langsam bedeutet ohne Hetze, ohne Anspruch, ohne Filter – es ist, wie es ist … sagte die Liebe.

Drei prächtige Feldhasen springen früh über meinen Weg und ich frage mich, ob ich hier wohl meine inneren Angsthasen entlassen darf. Aber dieser Tag, besser die Tage werden mich eines anderen belehren: Es geht nochmals richtig ans Eingemachte. Überraschend viele Krähenfedern liegen auf dem Weg. Themen, wie menschliche Verbindungen und poetische Träumereien drohen sich in meinen Hirnwindungen zu bösen Fallstricken zu verwickeln, das Herz rast. Otfried Preußlers „Krabat“ kommt mir wieder in den Sinn.

Dankenswerter Weise wird es zwischenzeitlich noch einmal etwas heiterer – zumindest vom Wetter her: Ich passiere den Ort Wörrstadt, der, was die Größe betrifft, mit dem Namensteil „Stadt“ etwas übertreibt. Umso passender und netter wird es hier im „Le Petit, das kleine Café“. Dort bekomme ich nicht nur meinen

Pilgerstempel und einen köstlichen Cappuccino, sondern auch noch einen Telefonanruf von meinem Sohn, der sich gerade exakt am anderen Ende der Welt befindet. Wir sind uns sehr schnell einig, dass wir beide gerade genau dort sind, wo wir gerade sein wollen. WhatsApp sei Dank.

Zurück zum Wein, aufs weite Feld. Hier kniet ein einzelner Mann mitten in endlosen, neu angelegen Reihen, befestigt zarte Ranken an Metallstreben. Der Anblick bekommt eine leicht vergebliche, vor allem skurrile Note durch die bunten Tetrapacks, die zum Schutz gegen Rehverbiss um die Pflänzchen gestülpt sind. Bei genauerer Betrachtung und nach Erläuterung des Feldarbeiters erfahre ich, dass es sich um Fehldrucke eines arabischen Saftherstellers handelt.

Arabische Ananas schützt Pfälzer Weinstöckchen

Die Adresse meines anvisierten Hofes in Spiesheim lautet „Außerhalb" – und das ist heute so manches: außerhalb des bisher Vorstellbaren, außerhalb der Komfortzone, außerhalb der Gesellschaftsnorm – und irgendwie jenseits von Gut und Böse. Und dann erhalte ich auch noch eine Brandgefahren-Meldung über meine Handy. Sehe die dräuende Rauchsäule in der Ferne. Ja, dreht die Welt denn gerade durch?

Tief in Gedanken versunken und von der Sonne auch leicht zerdörrt, schaffe ich es in Spiesheim sogar, an den extra verabredeten, riesigen Hofeingangs-Olivenbäumen vorbeizulaufen, um dann dank meiner ebenfalls verstrahlten Wander-App mitten in den knallheißen Weinbergen zu landen.

Oliventöpfe am Eingang – an sich nicht zu übersehen

Über drei Umwege und alles andere als guter Dinge bin ich endlich im gekachelten

Der Tag hatte es in sich. Der Rotwein auch

und abgedunkelten Gästezimmer. Es gibt kaum etwas Schöneres als die Dusche, danach ein Sprung ins kühle Bett, Beine hoch, Augen zu.
Nach beherzter Wiederauferstehung lande ich in der einzigen Gaststätte am Ort. Ein charmantes, italienisches Lokal, mit dem recht unitalienischen Namen „Zur alten Backstubb". Rheinhessische Winzerroute hin oder her.

Die Kellnerin ist so nett zu mir, dass ich fast weinen muss, einfach weil jemand nett mit mir spricht. Müde bin ich, geh zur Ruh. Außerhalb.
Die Nacht wird dunkel, wie mein Wein, und ruhig, wie erhofft.

Tag 22: Spiesheim – Monzernheim – 15 Kilometer

Drei Wochen bin ich jetzt bereits am Weg. 21 Tage und ihre Etappen liegen hinter mir. 3x7. Der Wetterbericht hat es angekündigt und die Wolken am Himmel zeigen es früh: Das wird heute ein Unwetter geben. Beim Frühstück plaudere ich noch mit meiner Winzerswirtin – die einst sogar mal Weinkönigin war – und bekomme den Eindruck, dass diese Weinbesitztümer die Menschen fest mit ihrem Land verbinden. Und in diesen Zeiten, wo die Natur und Klimaveränderung andere Herausforderungen mit sich bringen, führt das auch zu anderen Belastungen und Ungerechtigkeitsempfinden: Warum kam der Hagel genau auf meinem Feld herunter? Warum dürfen die im tiefer gelegenen Nachbarort ihre Felder bewässern? Warum muss ich jetzt, wo es so heiß ist, zwei Drittel der Trauben aus den Stöcken schneiden, damit der Stock überlebt?

Hinter mir wandert in knappem, aber gebührendem Abstand die schwarze Gewitterwand

Zum Frühstück gibt es hofeigenen Traubensaft, dunkelrot köstlicher Kraftschub. Dann heißt es flink

aufbrechen. Der Himmel wird dunkler, und meine Etappe führt mich heute übers freie Land. Nur eine kleine Ortschaft auf dem Weg, wo ich gegebenenfalls Unterschlupf finden kann.
Dann gehen mir wieder einmal Feinheiten in der deutschen Sprache durch den Kopf. Das Substantiv „Gut“ wird im Plural zu „Güter“. Das Adjektiv „gut“ wird in der Steigerung zu „besser“. Das hat mir keine direkte Philosophie offenbart, gibt mir aber das Gefühl mich enger mit meiner Muttersprache zu verweben, ein feineres Gefühl für die Abstufungen, für die Verbindungen und auch für die Trennungen zu bekommen. Und dann lass ich es damit auch gut sein.

Mein Tempo ist ordentlich und das Schrittmaß sportlich. Ich durchquere Dittelsheim-Heßloch, das sich abgesehen von meinem Besuch in der evangelischen Kirche und obligatem Singen in meiner Wahrnehmung nicht unbedingt durch malerische Schönheit auszeichnet. Außer dem wirklich eindrucksvollen Kirchenportal.

Pflanzenranken und Gesicht lassen hier die vorchristliche Tradition vom Grünen Mann vermuten

In der letzten Straße, die mich wieder aufs weite Feld führt, haben sie am Abend zuvor wohl Polterabend gefeiert. Aber so richtig! Zwei Bierwagen stehen da, der eine bereits wieder geöffnet. Ein paar zerfeierte Gestalten machen sich bei motivierender Musik daran, die Scherbenberge und Dreckreste der vergangenen Nacht zu beseitigen. Der Geruch von Apérol ist aufdringlich und lässt eine Hochrechnung der Gesellschafts-Katerkopfschmerzen zu.

Ab aufs Feld. Zwischendurch gedeiht hier sogar prächtiges Bilsenkraut. Das passt sehr gut zu meinen heutigen Angst-Themen. Und dann gibt es Wein und Wein und nochmals Wein. Alle Reihen ordentlich an Stahlstangen und Seilgerüste geheftet. Natürlich leiten diese Metallantennen bei Blitzeinschlag besonders gut. Ehrlich, es beruhigt mich auch kein bisschen, dass die höchste Erhebung, die ich heute noch zu überqueren habe, „Höllenberg“ heißt. 294 Meter über dem Meeresspiegel gelegen klingt vielleicht nicht so furchteinflößend, aber mir geht die Düse.

Dunkle Wand auch an der rechten Flanke, inklusive Windräder und „höllischem“ Blitzableiter

Dass auf dem Höllenberg ein weithin sichtbarer Blitzableiter thront, macht es nicht leichter. So singe ich ohne Unterlass mein inzwischen fertiges Pilger-Mutmach-Lied und fantasiere mich Schritt für Schritt in eine schützende Bernsteinkutsche hinein. Klingt vielleicht durchgeknallt, beruhigt mich aber tatsächlich.

Wir haben noch nicht mal 12 Uhr Mittag, da höre ich den ersten Hund von Monzernheim anschlagen und bin so unendlich erleichtert.

Mit nahezu leichtem Fuß komme ich im Ort an und finde flink meine heutige Unterkunft: den Winzerhof Geil. Bitte ausdrücklich den von Helmut Geil, denn nebenan sind die nicht verwandten ebenfalls Winzer mit Namen Geil. Bei den anderen feiert heute eine geschlossene Hochzeits-Gesellschaft aus Wiesbaden.

Meine Wirtsleute sind die obersten

Ich bin so froh, in meinem hübschen Zimmer im Galerie-ersten-Stock über der ehemaligen Scheune zu verschwinden. Schon kracht ein ordentliches Gewitter mit lange, lange ersehntem Regen vom Himmel. Die folgenden drei Stunden liege ich im Bett, versinke immer wieder in Zwischenwelten von Traum und Realität, samt Bernsteinkutsche, lausche dem Donner und bin unendlich dankbar, dass ich in diesem Zimmer liegen darf.

Später kommt sogar nochmals die Sonne raus. Ich erfahre von meiner Winzersfrau, dass es heute im Gemeindehaus das Schaschlikfest gibt. Für mich also doch noch eine Möglichkeit, etwas zum Abendessen zu finden. Wobei ich mich schon friedlich darauf eingestellt hatte, heute neben meinem übriggebliebenen Käsebrot-Vesper nichts weiter zu essen. Essen ist nicht mehr so wichtig. Ich habe selten wirklich Hunger und trinke leider tendenziell über Tag und unter Sonne zu wenig Wasser.

Hübsche Aussichten in den Winzerhof hinein, um nicht zu sagen Geil

Auf geht's also zum Schaschlikfest, und ich bin wirklich ein bisschen stolz auf mich, dass ich mich traue, diese Mehrzweckhalle zu betreten, in der eine riesige Einhornhüpfburg steht und einige Menschen an Resopaltischgruppen sitzen.

Es kommt immer besser. Ausgerichtet wird dieses Schaschlikfest vom Männerballett Monzernheim. So etwas kann man sich doch nicht ausdenken! Und für alle hier ist das die Selbstverständlichkeit. Klar, dass hier die jungen und feschen Kerle den Ausschank machen.
Es gibt Augustiner hell, Servus und Grüßgott.

Es geht nichts über klare Bildsprache

An einem kaum besetzten Tisch komme ich mit einem Winzer im Ruhestand ins Gespräch. Über den Ruhestand als solchen ist er nicht glücklich. Außerdem ist schnell klar, dass er zu denen gehört, die von dieser allein wandernden Frau irgendwie überfordert sind. Sein Bier ist schnell leer und er fort. Auf der Toilette frage ich mich, ob ich mit Pilgerstab hier nun im Stehen pinkeln sollte.

Alsbald schlendere durch den schönen, kleinen Ort, vorbei an beiden Kirchen, katholisch UND evangelisch. Zurück in meinem Winzer-Geil-Hof kann ich noch ein wenig mitverfolgen, wie die anderen Hochzeits-Geil-Gäste den erneuten Gewitter-Wolkenbruch überstehen.
Mein Bett ist trocken, ich bin satt und habe diesen Tag überlebt.

Tag 23: Monzernheim – Worms Herrnsheim – 15 Kilometer

Am Morgen erfahre ich beim Frühstück viel über diesen Familienbetrieb. In der elften Generation, seit etwa 1740, sind sie hier, an diesem Ort dem Weinanbau verschrieben. Noch bevor Mozart das Licht der Welt erblickte, waren die Geils schon hier, Wahnsinn. Aus den Schilderungen meiner Winzersfrau höre ich eine

In den heiligsten Weinkellern mit Königin Geil

tiefe und zufriedene Verbindung heraus, auch Stolz, und das rührt mich sehr. Hier wird zugunsten von Qualität und Familie auf Quantität und Äußerlichkeiten verzichtet, und das ist so wohltuend. Frau Geil führt mich über Hof und Garten, bis in die tiefen Keller hinunter zu den Tanks und Fässern und wird nicht müde, all meine Fragen zu beantworten. Dabei erfahre ich, dass der geschwungene Firmenschriftzug die Original-Handschrift von Urgroßvater Geil ist. Seine Schwieger-Enkeltocher an meiner Seite erzählt weiter, fast beiläufig, dass hier am Hof seit 70 Jahren eine einst Kriegsvertriebene lebt und mit ihren heute 106 Jahren selbstverständlich immer noch am Hofleben teilnimmt. Eine Geschichte, wie aus einer anderen Welt, Hoffnung nährend.
Übrigens: Mein Franziskus-Büchlein ruht gelesen in meinem Rucksack.

Sehr gerne möchte ich, wieder daheim, zukünftigen Wein bei ihnen bestellen und, wer weiß, vielleicht zu einer späteren Weinlese als Helferin wiederkommen. Ich habe das untrügliche Gefühl, dass ich hier nicht zum letzten Mal war. Wie schön, dass ich meine dreitägige Winzerrunde genau hier beenden durfte.

Die Luft ist heute klar und nach dem gestrigen Gewitter wie frisch gewaschen. Der Boden konnte das Wasser gut aufnehmen. Ich meine, kleine Seufzer aus den Blättern zu hören. Es durftet würzig. Hochsommer, volle Pracht. Vorbei die Kirschen, vorbei die Himbeeren. Jetzt kommt Brombeere und weiterhin Wein.

Gut und heiter komme ich voran, der Wind bläst kräftig übers Land und durch mein Gemüt. Irgendwann kommt mir an einer Feldwegeinfahrt ein grüner Transporter entgegen. Der fährt erst vorbei, stoppt und kommt wieder zurück. Zuerst ziehe ich instinktiv den Kopf ein und frage mich, welchen Vorschriften ich hier wohl gerade zuwider handle oder wandle. Da kurbelt der Fahrer seine Fensterscheibe runter und im Nu entspinnt sich mit dem neugierigen Udo, wie er heißt, eines dieser besonderen Weges-Gespräche. Es gibt ja auch kein Prestige, kein Schischi, kein Garnix, um das man jetzt herumreden müsste. Nein, direkt und klar geht es ans wahrhaft Menschliche. Ans Eingemachte, wie Bruder Dirk in Beyenburg es trefflich nannte.

Ich bin wohl so eine Art Landstreichlerin, der die Menschen gern ihre Herzensangelegenheiten, ihre Schicksalsschläge erzählen, vielleicht in der stillen Hoffnung, dass ich diese dann auf meinem Weg mitnehme.

Ich komme über ein Rübenfeld. In weiter Entfernung dreht sich eine Bewässerungs-Fontäne. Wirklich weit weg, aber der Wind ist so stark, dass ich leichten Sprühnebel abbekomme. Sehr angenehm, ich bedanke mich für die „Rübentaufe".
Kurz danach gibt es ein weiteres Wind-Phänomen für mich: So stark bläst er durch die stahlverspannten Weinreihen, dass die Saiten und Streben zu singen beginnen. Nach Rübentaufe nun auch noch Weinharfe, wunderbar.

Äolischer Gesangsverein

So komme ich irgendwann auf dem „Lutherweg" im Randgebiet von Worms an, genauer gesagt in Herrnsheim, samt Schloss, Park und Kirche.

Für heute ist es genug. Morgen werde ich nach Worms hineingehen. Dort sind derzeit Festspiele.

Herrschaftliches Gemäuer von gedörrtem Park umgeben und kleinen Wolken umkränzt, die jedoch kein Wasser bringen

Tag 24: Worms – Frankental – 19 Kilometer

Maria lädt ein zur Besinnung – Bestimmung – mit Stimme

Ich breche recht früh auf und komme genau rechtzeitig zu einem kleinen Gottesdienst im Nebenschiff des Wormser Domes an. Zarte Orgelklänge und noch zartere Gemeindegesänge rühren mich. Was für ein imposanter Bau. Was für eine Geschichte, welche Tradition an diesem Ort. Nibelungen, Luther … welche Wucht.

Lange sitze ich vor dem Marienaltar und genieße die Ruhe und den Frieden. Ich singe. In mir steigt es auf: Ich will nur noch in Kirchen singen. Nicht der Akustik-Eitelkeit wegen, sondern weil ich mich diesem Friedlichen anheimgeben will. Keine Umwege mehr über bunte grelle lustige Nebenstrecken, lieber direkt zur Quelle. Genauer kann ich es noch nicht fassen, aber das darf jetzt in den folgenden Wochen so langsam vor sich hin gedeihen.

Ein reizendes Gespräch mit der „Stempelzuständigen" der Domsakristei schürt meine Vorfreude auf den Dom zu Speyer und befeuert meine leise Abschiedsmelancholie, den Jakobsweg damit bald zu verlassen.

Verlassene Tankstelle in weitem Ödland

Nach kurzer Besichtigung des mondänen Festspielgeländes verlasse ich Worms und brauche ein Weilchen, bis ich die rechte Route des „Pfälzischen Jakobsweges" finde.

Auch hier zeigt sich: Alles auf dem Weg gehört zur Medizin, so führt mich die Komoot-App durch wirklich unschöne industriegeprägte Randbezirke und schenkt mir denkwürdig triste Ansichten.

Mir wird klar: Ich habe es in der Hand, besser noch im Fuß, wie mein Weg aussehen soll. Bezeichnender Weise ist es wieder eine Maria-Magdalena-Kirche, an der ich die erlösende Muschel entdecke. Das Informationsschild an der Kirche ruft noch einmal besondere Aspekte des Pilgerns in mir wach. Dankbar laufe ich nun auf dem Jakobsweg am Nebenarm des Rheins entlang.

Die Landstreichlerin, genau das bin ich

Später komme ich an weiten Feldern mit riesigen Strohballenwänden entlang. Was für Landschaften, abseits der belebten Wege und Routen. Durch die Hintertür hinaus in die Welt. In die wirkliche Welt, zu Fuß, analog, ohne Bildschirm.

Schließlich stehe ich auf dem „Monte Scherbelino", einem Schuttberg, aufgetürmt aus den Trümmern der Gebäude nach dem Zweiten Weltkrieg. Ein ebensolcher mahnt in Stuttgart, trägt den selben Namen und ich erinnere mich, dass ich öfters mit meinen Großeltern dort war, um dort mit meiner Oma Renekloden zu sammeln. Und siehe da, auch hier und heute sind diese gelben und roten Wildpfläumchen reif.

Mir geht durch den Kopf, dass ich hier über die Trümmer von ehemalig „festen Dächern über dem Kopf" spaziere, von Lebensgeschichten, zerstörten Lebensträumen und -räumen.
Heute ist Neumond und ich möchte diese neue Phase gern bewusst begehen. Was soll in diesem kommenden Zyklus entstehen? Auf dem Weg liegt ein kleiner eiserner Gegenstand. Beim Aufheben und Befühlen und genaueren Betrachten assoziiere ich einen kleinen Kolibri, besser noch: ein Seepferdchen. Wahrscheinlich sind es die verrosteten Überreste einer Fensterangel, aber mich wird fortan dieses Seepferdchen begleiten. Hippocampus lautet sein lateinischer Name. Genau so lautet auch eines kleines Areal im Hirn. Ich erinnere mich nicht mehr ganz genau, wofür dieser Hippocampus in unserem Reptilienhirn zuständig ist, nur, dass Maestro Stress mit seinen beiden Hormonen Adrenalin und Cortisol ganz doofe Auswirkungen hat. Danke, eisernes Seepferdchen, dein Anblick will mich was lehren.

Damit ist es für heute gut – nein: besser. Ich beschließe, die Etappe bis Speyer mit dem Bus abzukürzen, um morgen dann einen vorerst letzten Jakobsstempel in meinen Pilgerausweis zu erhalten. Der reizende Gatte ist wieder mit dem Wohnmobil angereist, sammelt mich bei meinem Etappenziel ein und wir verbringen die Nacht auf einem netten Campingplatz am Baggersee.

Das Abendessen im benachbarten griechischen Lokal mit dem hübschen Namen „Paradiso" ist ziemlich genau so, inklusive Ouzo, und ich denke wieder an meine liebe Lena und „I mousikí – unser Lied", das von Musik erzählt.

Tag 25: Abschied von Jakob & Rhein in Speyer – 10 Kilometer

Gedanken im Fluss

In nahezu weihevoller Prozession laufe ich den guten, alten Vater Rhein entlang in Richtung Dom zu Speyer. Ich komme an einem überraschend deprimierenden Neubau-Groß-Projekt vorbei. Wahrscheinlich standen hier früher die alten Lehmziegel-Fabriken, davon zeugen noch die verrosteten Stahlwand-Wassersperren. Heute wird hier mit exklusiven Flussambiente geworben, es geht sicher um sehr viel Geld und Prestige und mir wird es ganz düster im Gemüt. Da wirkt das Graffito an der rostigen Wasserschutzwand unverhofft tröstlich: „Hab mich verloren in den Dingen, die mir wichtig sind & war immer zu spät & das ist gut so". Das ist sehr gut so.

Was für ein Glück, dass vor mir dieser grandiose, gotische Riesenbau prangt. Sofort wird mir ganz warm ums Herz. Ich kann es nicht genau sagen, warum, aber ich habe mich von Anfang an so auf Speyer gefreut, ohne den Ort zu kennen. Irgendetwas lockt mich hier.

Der Dom, gerahmt von Wolkenschleier und Oleander

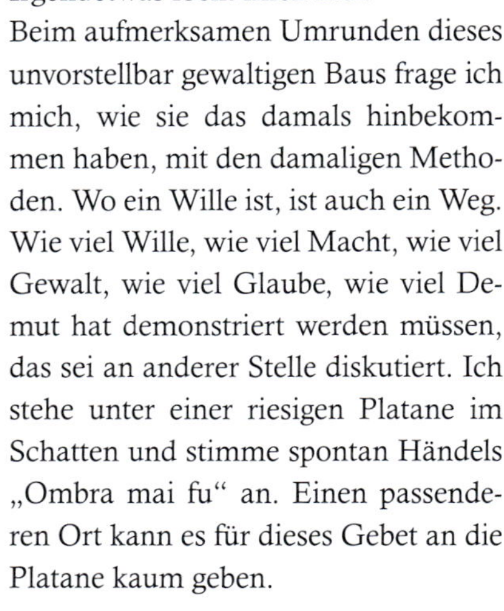

Beim aufmerksamen Umrunden dieses unvorstellbar gewaltigen Baus frage ich mich, wie sie das damals hinbekommen haben, mit den damaligen Methoden. Wo ein Wille ist, ist auch ein Weg. Wie viel Wille, wie viel Macht, wie viel Gewalt, wie viel Glaube, wie viel Demut hat demonstriert werden müssen, das sei an anderer Stelle diskutiert. Ich stehe unter einer riesigen Platane im Schatten und stimme spontan Händels „Ombra mai fu" an. Einen passenderen Ort kann es für dieses Gebet an die Platane kaum geben.

Im Dom-Informations-Häuschen erhalte ich dann den ersehnten und leicht betrauerten letzten Stempel und ich bestätige mir ein „Vorerst". Ich kaufe

mir nämlich direkt den Anschluss-Ausweis und einen Pilgerführer für die Weiterstrecke von Worms nach Frankreich. Jawoll, ich will!
Jetzt will ich aber erst einmal in den Dom, ganz in Ruhe, samt Krypta und Turm.

Würdevoller Raum für die letzte Ruhe

Es ist erstaunlich warm in diesem riesigen Bau, hell und irgendwie tröstlich-heiter. In der großen Krypta ist plötzlich niemand mehr außer mir und so singe ich auch hier, unterirdisch zwischen den zahllosen Bogenpfeilern. Kaum vorstellbar, welches Gewicht diese seit Hunderten von Jahren stützen und tragen.

Beim weiteren Rundgang stelle ich fest, dass die Fatima-Wander-Madonna derzeit genau hier in Speyer Station macht und ich an dieser ausgesprochenen Pilger-Madonna sehr gerne Rast mache. Wieder bin ich plötzlich allein im Nebenschiff, wieder kann ich in Ruhe singen. Ja, ich möchte nur noch in Kirchen singen.

Pilger unter sich

Von ganz unten bis ganz nach oben führen mich die 306 Stufen und der Blick ist wirklich famos. Da fließt er, der Rhein und ich kann ziemlich weit sehen, von woher ich gekommen bin. Wieder fallen mir die Dialekte ein. Vielleicht fließt die Sprache ja wie ein Fluss und verändert sich langsam, so wie die Landschaft sich verändert.

Beim Jakobs-Pilger-Denkmal in der Innenstadt gibt es einen Milchkaffee inklusive interessanter Innenstadt-Schau mit all ihren touristischen Attraktionen und Auswüchsen.

Tag 26: Auf geht‘s zum HW5 nach Pforzheim – 5 Kilometer + Bus

Dies ist jetzt sowas wie ein Pausentag.

Jakob ist gebührend verabschiedet und ich stelle fest, dass mich die kurze Anschlussroute an Mannheim vorbei zum nächsten Fernwanderweg, nämlich dem HW5, landschaftlich oder einfach so überhaupt nicht reizt. Also beschließe ich auch hier, abzukürzen und mich aus der schönen Pfalz mit motorisierter Pferdestärke in Richtung Tor zum Schwarzwald, also Pforzheim zu bewegen.

Kurz denke ich darüber nach, dass es doch Beschiss ist, wenn ich nicht alles laufe. Wer sagt das? Wer bestimmt, wann meine Wanderung stimmt? Warum greifen diese Themen um Leistung und Erfüllungszwang immer wieder? Dies gilt es weiter zu ergründen. Wie gut, dass ich gerade erst knapp vor der Mitte meiner Wanderung stehe und gehe und mich ergehe.

Heute gibt es zur Krönung des gekürzten Tages einen Besuch inklusive Nachtquartier bei Freunden. Ein gemeinsamer Besuch im absolut empfehlenswerten Lokal des Schützenvereins Brötzingen bietet herausragende Küche zwischen Schwäbisch und Indisch. So lecker. Auch das Palmbräu-Bier trinkt sich hervorragend und erhebt mich spontan aufs Siegertreppchen.

Siegerehrung

Ich kann jetzt schon sagen, dass ich die Gewinnerin bin, so oder so! Die ersten beiden Hauptwege, nämlich der „Bergische“ und der „Jakob“ liegen bereits hinter mir und mit ihnen so viel intensiv Erlebtes. Der vergangene Abschnitt hat mir vielfach den Buße-Aspekt einer Pilgerreise präsentiert. Das war so ungefähr das Letzte, was ich mir ausgemalt habe, als ich vor einem Jahr die Idee entwarf, mit „franzi geht dann heim" von aktuellem Wohnort über Geburtsort zum Sehnsuchtsort zu spazieren. Meine Kondition wird immer besser, es ist auch nicht mehr so heiß.
Ab morgen geht es ins Schwäbische. Da kann ich sagen, was ich will: Das ist mein Dialekt, meine sprachliche Heimat, „mei Gosch“. Da kitzelt es in meinem DNA-Gebälk.

Pforzheim – Tübingen

Nun bin ich seit einem Monat auf Wanderschaft, auf Pilgerreise. „Peregrinación“, wie es auf spanisch so wohlklingend heißt. Und ich assoziiere recht frei das Verb „nacer“ dazu und meine, mich in dem Anhauch von „wiedergeboren werden“ wiederzufinden.
Die Landstreichlerin, so fühle ich mich.

Die Pausentage sind wichtig, um immer wieder einen Anker zu setzen, das Erlebte zu verarbeiten und dem Erkannten und Geschauten angemessenen Raum zu geben. Gerade die Überraschungen, das Unbekannte und Unerwartete machen diesen Weg so wertvoll. „Priorität & Position“, das beschäftigt mich derzeit: Was, wann, warum und wofür? Ich kann bereits klar sagen: Es entspricht mir und meiner Wahrnehmung, meiner Langsamkeit und „Schaulust“ sehr viel mehr, einen Ort über den Feldweg zu erreichen, als über den Flughafen. „Etwas überfliegen“ kommt mir in den Sinn, und dass ich eben nichts mehr eilig überspringen will. Erinnere mich an mein Bild „von A nach B“, und dass es auf das NACH ankommt. Der Weg ist das Ziel, für mich eben der Feldweg.

Tag 27: Pforzheim – Weil der Stadt – 26 Kilometer

Das war ein besonderer und reizender Aufbruchsmorgen in „Pforzelona“. Hat mir die liebe Tanja nicht nur ein köstliches Frühstück im Garten kredenzt, sondern meinen Vesperhorizont noch um die neue Erfahrung „Vegane Landjäger" erweitert, so lecker!

Ich möchte an dieser Stelle knapp eine Beobachtung einflechten: Ich erlebe immer wieder Gespräche, in denen sich der „eingefleischte Mischköstler“ und natürlich auch die eingefleischte Mischköstlerin mit überraschender Hitzigkeit darüber aufregt, warum diese Veganer, wenn sie schon nichts Tierisches essen wollen, die Wurstoptik und Fleisch-Haptik unbedingt nachbauen müssen. Die Antwort ist ganz einfach: Weil es lecker ist. Und ganz ehrlich: So ein Chicken-Nugget aus der Discounter-Tiefkühltruhe hat unter Umständen noch weniger mit Hühnchen zu tun, als mein Landjäger mit Pflanze.
Ich habe eher das Gefühl, dass es das „Grenzüberschreiten“ ist, was manche Menschen unsicher macht und in Angriffstimmung versetzt, bevor einmal in Ruhe reflektiert wird. Von wegen „Jedem Tierchen sein Pläsierchen“. Ob die Tierchen in der Massenhaltung Pläsierchen erleben, das brauchen wir an die-

ser Stelle nicht zu diskutieren. Da wird also lieber lauthals draufgeballert. Geht schneller, macht effizienteren Lärm und man kann sich in seiner eigenen Mehr-oderweniger-Komfortzone einigeln. Soviel zum jetzigen Zeitpunkt dazu.

Für mich geht es heute auf Neue Wege: Genauer gesagt auf den Schwarzwald – Schwäbische Alb – Allgäu - Weg, den HW5 des Schwäbischen Alb-Vereins

Ein wirklich besonderer Wald, dieser Schwarzwald. Kein Wunder dass ein Wilhelm Hauff sein Märchen „Das kalte Herz" irgendwo hier in der Gegend spielen lässt

Vom ersten Schritt im Schwarzwald an der Würm entlang atme ich Erinnerung. Der Wald duftet mich in meine Kindheit zurück. Schritt für Schritt bekomme ich eine Ahnung, dass das mit der „Heimat" ein etwas kompliziertes Thema ist. Meine Gene jubilieren.

Im Mandelkern, in der Amygdala, einem der ältesten Teile unseres Gehirns, findet die Geruchsverarbeitung statt, besser, die Verknüpfung. Duft: Zack! – da war es schon mal gut, oder Zack! – weg da! Hier ist es jedenfalls schon mal sehr gut!

Ich komme an einer kleinen Waldkapelle vorbei und stimme spontan zum heutigen „Lied des Tages" Elvis Presleys „Crying in the Chapel" an.

Der Wald ist wirklich dunkel und der Weg heiter. Ich komme an einer als solche beschilderten „Jakobsquelle“ vorbei. Hier stand wohl in sehr grauer Vorzeit eine Rasthütte für Jakobspilger aus dem Raum Calw. Wie schön, dass ich doch immer wieder an meinen Jakob erinnert werde und dieses Bild vom Wegenetz weiter entwickeln kann, dem äußeren, aber auch meinem inneren, dem neuronalen oder seelengeflechtlichen.

Da steht zwar: Kein Trinkwasser! Egal, Prosit Jakob!

Wie gesagt: Der Wald ist schwarz, die Wege sind heiter. Es geht weiter.
Ich erinnere mich: Wenn man neue Angewohnheiten etablieren will, muss man sie mindestens 28 Tage regelmäßig wiederholen, um diese neue, innere Bahn zu festigen. Ich festige gerade den Weg, das Bewegende.

Kepler: Ein Astronom behält immer den Überblick – auch am Strand

In Weil der Stadt angekommen, statte ich der großen Statue des berühmtesten Kindes der Stadt, Johannes Kepler, einen Besuch auf dem schönen Altstadt-Marktplatz ab. Auch hier haben sie den Platz zur Strandbar aufgeschüttet, das scheint gerade die Top-Tourist-Attraktion zu versprechen. Ich erhebe mein Bier auf Kepler, den Bademeister!

Brandschutz wird in jedem Fall groß, oder besser rot geschrieben

In meiner antik-rustikalen Gaststätte Stern kommen wunderbare Erinnerungen an ganz frühe Skiurlaubs-Pensionen auf.

Tag 28: Weil der Stadt – Herrenberg – 20 Kilometer + Bus

Zum Frühstück geht es heute in die benachbarte Bäckerei Mayer. Gut, ich bin in der Frühe vielleicht noch nicht ausreichend sprachlich sortiert. Auch sehe ich inzwischen wirklich etwas wilder aus. Vitiligo frisst sich mit seinen weißen Flecken in meine sonst schon recht wettergebräunte Haut.

Auf meine verhaspelte Frage, ob ich hier einen Kaffee bekomme, ernte ich einen sehr abschätzigen Blick und den Satz: „Wenn Sie den bezahlen können." Auf Schwäbisch. Jedes der fünf Worte ein Peitschenhieb. Schlagartig bekomme ich eine Ahnung davon, wie es sich anfühlen könnte, aus der Gesellschaft noch weiter heraus gekippt zu sein. Wie fühlte es sich wohl an, wenn in meinem kleinen, roten Portemonnaie jetzt wirklich nicht genug Geld für diesen Kaffee wäre? Abschätzig, abwertend, verurteilend entgegnet man mir, bloß, weil ich so aussehe, wie ich derzeit aussehe. Der Landstreichlerin ist da plötzlich das zweite „L" abhanden gekommen.

Ich könnte zum Gegenschlag ausholen, von wegen Engstirnigkeit, was im Angesicht des großen Gestirn-Vermessers der Stadt vielleicht vermessen gewesen wäre. Ich lasse es, so oder so. Viel spannender ist doch, was es in mir auslöst, nicht dazuzugehören. Ein Gefühl, das mir sehr vertraut ist, jetzt aber in einer tieferen Dimension spürbar wird. So versichere ich ihr, dass ich mir sogar noch eine Brezel dazu leisten kann und unterhalte mich locker über den zu erwartenden milden Wespen-Sommer und ähnliches.

Bald verlasse ich die Stadt durch die Überreste des Stadttors und frage mich, ob Menschen, die in Ortschaften mit einer sichtbaren Stadtmauer leben, klarere Abgrenzung dem Fremden entgegenbringen als andernorts.

Weil der Stadt: triste Stadmauerreste – wenn Kepler das wüsste

Das Hohelied der Kreativität

Jetzt geht es in den Wald auf den Keplerweg. Ich freue mich über die verschiedenen Schau- und Erklärtafeln zum Wirken des Astronomen, Physikers, Optik- und Mathematik-Revoluzzers, der dem Gymnasium in Bad Cannstatt, an dem ich die ersten fünf Jahre in Latein, Mathe und Physik versagen durfte, den Namen gab.
Heute und hier verstehe ich plötzlich, wie das mit der exakten Flächenberechnung über Dreiecke funktioniert, und noch viel mehr. Dass die Sternwarte in Tübingen den Nullpunkt, quasi Nabel der Welt, bei der Kartografierung darstellt, ergibt für mich, mit meinem Geburtsort ebenda, unbedingt Sinn. So sinnifiziere ich mich durch den Wald und komme an einem zauberhaften Hexenhaus vorbei. Hier hat ein ganz feiner Geist wunderbare Details des Ungewöhnlichen geschaffen. Eine in der Mitte längs zersägte Cello-Decke samt F-Löchern wird zu Fensterläden der Katzenklappe und noch viel mehr.

Ich denke also über die Kraft des Unkonventionellen und den Unterschied vom Wahrscheinlichen und Möglichen nach, da wähle ich quasi blindlings den breiten Abzweig und stelle erst nach Kilometern fest, dass genau an diesem Zauberhaus mein kleiner Zauberabzweig gewesen wäre.

Das bedeutet in diesem Fall nicht nur mehrere Kilometer als Extra-Runde, sondern auch die Tatsache, dass ich unbemerkt wirklich fast im Kreis gegangen bin. Das spricht für sich, also für mich: Habe für diese Überlegungen, wie weit ich mich wohl aus dem Konventionellen und Wahrscheinlichen ins zauberhaft Mögliche bewegen will, eine Extrarunde gebraucht. Alles auf dem Weg gehört zur Medizin.

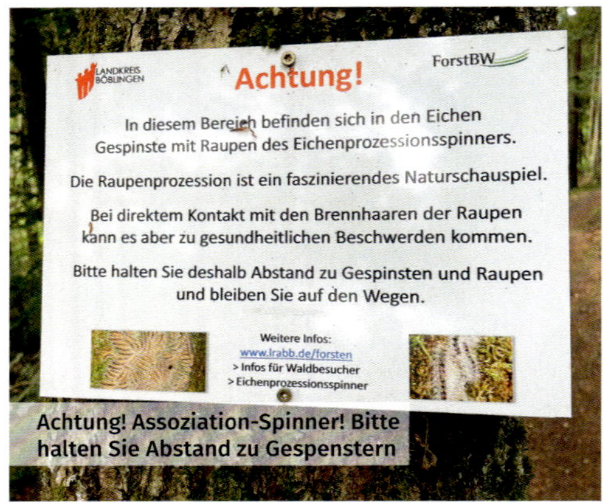

Achtung! Assoziation-Spinner! Bitte halten Sie Abstand zu Gespenstern

Am Weg prangen Warnschilder, dass hier der Eichenprozessionsspinner sein gefährliches Unwesen treibt. Prozession, Prozess, Spinner – ich fühle mich angesprochen und gehe grinsend weiter.

Alles fügt sich. Genau in dem Moment, als es zu regnen beginnt, komme ich an die Haltestelle des Schienenersatzverkehrs. Der Bus ist bereit und ich verkürze auf angenehme und trockene Weise meinen Weg nach Herrenberg.

Hier angekommen, ist es wieder sonnig und schön. Ich flaniere durch die hübsche Altstadt. Auch hier ist der Marktplatz zum Meeres-Sehnsuchts-Urlaubs-Strand aufgeschüttet und mir wird wieder klar bewusst, dass Strandurlaub überhaupt nichts für mich wäre. Ich werde sofort unruhig mit diesen kleinen scharfen Körnchen überall. Von unruhig schwabbelnden Meereswogen und ständigen Salzwind im Auge ganz zu schweigen.

In der steilen Gasse hoch zur Stiftskirche entdecke ich einen kleinen „Zauberladen“ für Edelsteine, Räucherwaren und Anverwandtes. Nach kurzem, bewunderndem Austausch zu meiner Reise pflückt mir die kundige Verkäuferin einen wunderschönen Bernstein-Anhänger aus der Vitrine. Als bildgewordene Sicherheits-Kutsche wird er den weiteren Verlauf meiner Reise in guter Gesellschaft zum Taokreuz nebst Rosenkranz auf meiner Brust verweilen.

Heute lauschen statt singen

In der erhaben gelegenen Stiftskirche darf ich wahrlich virtuosem Orgelspiel lauschen und irgendwie wirkt der Jakob in diesen sakralen Räumen und Klängen weiter.

Ja, es ist gut und richtig und schön, dass ich hier bin, wo ich bin. Am Beginn des Schönbuchs, zwischen Schwarzwald und Schwäbischer Alb, wo ich die ersten, wirklich glücklichen sechs Jahre meines Lebens gedeihen durfte.

Tag 29: Herrenberg – Entringen – 20 Kilometer

Blick bis zur Schwäbischen Alb – mitsamt Jägerhochsitz

Über verwunschene Streuobstwiesen geht es für mich heute nach Entringen, mit all den schönen Erinnerungen an meine ersten roten Rollschuhe zum vierten Geburtstag, die riesigen Schafherden-Weiden, Kindergarten-Ausflüge nach Hohenentringen und Kirschen.
Tatsächlich, ein wirklich letzter Kirschbaum schenkt mir hier die letzten drei essbaren Kirschen.

Der Weg gen Kindheits-Entringen führt mich über die „Schönbuchspitz". Ich gedenke und danke diesem „Apu", dass ich so schöne Kindertage unter seinem Schutz erleben durfte. Marielas Medizinleute in den Anden nennen und ehren ihre umgebenden Berge als „Apus". Väterlichen Schutz, mächtige Fürsorge und tiefe Erkenntnis verspricht der innige Austausch. Das fühlt sich gut an.

Mädles-Stoi, meddla em Wald

Weiter geht es in den Wald zum „Mädlesstein". Der birgt nicht nur EIN kurioses Geheimnis. Zum einen steht er überraschend unscheinbar etwas abseits hinter einer Abzweigung.
Das Informationsschild mit der Beschreibung zu seiner Historie steht wiederum hinter dem gegenüberliegenden Kreuzungsabzweig. Erste sachte Verwirrung.
Auf dem Schild steht, dass dieser Stein (eine Nachbildung) in Erinnerung an eine junge Entringerin aufgestellt wurde, die nach dem Heuen, also mit ordentlich Heu in der Rückentrage, hier versehentlich für einen Hirsch gehalten und erschossen wurde.

Kein Wort vom Jäger, weder mit noch ohne Hochsitz. Sofort flammt in mir auf, dass dies womöglich die schändliche Vertuschung eines schnöden Mordes wegen nicht erwiderter Liebe sein könnte, und dass so einem Jägersbursch in der patriarchalen Gesellschaft mehr Vertuschungs-Unterstützung zuteil wird, als es ein Frauenleben der gerechten Verurteilung wert ist. Gänzlich verschweigen lässt sich der „Vorfall“ nicht, also bekommt sie hier so eine Art gnädige Gedächtnis-Stele. Ich schmücke sie mit Blumen und Beeren und heraus krabbelt eine giftgrüne Spinne, eine Prozessions-Spinnerin.

Über Hohenentringen und einen Besuch im Biergarten des Schlosses geht es weiter. Der Blick schweift hier weit, es windet stark. Der Waldrücken zieht nach Osten, „Saurücken“ heißt es hier. In der Tat sind auf dem folgenden Weg viele Wildschweinspuren zu sehen.

Das Schwein als Sinnbild für Fruchtbarkeit, Wohlstand und Glück. Von unseren Vorfahren rituell im Schweinebraten verspeist, so geht es mir durch den Kopf und ich genieße ganz bewusst meinen gebratenen Leberkäse, bei blendender Aussicht. Schwein gehabt.

Michaelskirche – dieser Name taucht in meinem Lebenslauf erstaunlich oft auf

Im Ort selbst sehe ich große Baustellen, große Veränderungen stehen also auch hier an. Die weiten Schafweiden meiner Kindheit, mitsamt ihren Hütehunden sind Wohngebieten und einer Friedhofserweiterung gewichen. Ich versuche in meiner Fantasie noch einmal den Familien-Mythos vom krabbelnden Blumenfränzchen wachzurufen und spüre in Seelentiefen, dass dieser Besuch heute wichtig war und ist, um eigene innere Fragen zu beantworten oder nach der Leerstelle zu suchen, und so wird es zur Lehrstelle.

Ich statte der Michaelskirche, die sich seit Jahren trotz massiver Baumaßnahmen leicht zur Seite neigt, einen Besuch ab. Am Kirchmäuerle hängt tatsächlich noch der orangefarbene Kaugummi-Automat meiner Kindheit. Ich glaube, sogar die Befüllung ist noch original Siebziger, herrlicher Zeitflash und sehr viel lustiger als die zugebauten Schafweiden.

Im Schatten des Kirchturms hält sich dieses Relikt erstaunlich gut

So steige ich die Stufen hoch zur Kirche und komme genau rechtzeitig zum Liturgischen Abendgebet. Zu viert singen und beten wir im Wechsel, ein sehr schönes Erlebnis. Ich kann ja doch vom Blatt singen, hurra.

Tag 30: Entringen – Tübingen – 18 Kilometer

Am Morgen breche ich bei kühlem, klarem Wetter auf und lasse Entringen hinter mir, im doppelten Sinn. Am Waldsaum drehe ich mich nochmals um: Wie schön der leicht schiefe Turm der Michaelskirche in der Morgensonne leuchtet!

Bei 20 Grad geht es wonnevoll mitten hinein in den Urwald Schönbuch. Durch eingezäunte Rotwild-Schonungen komme ich am „Bruderkreuz“ vorbei – greife intuitiv das Franziskus-Kreuz an der Halsschnur, das mir Bruder Dirk in Beyenburg mit auf den Weg gegeben hat. Inzwischen wird es von einem Rosenkranz aus Neviges und einem Bernstein aus Herrenberg flankiert. Mit allen dreien verbinde ich tief prägende Geschichten dieses Weges.

Auf der nächsten offenen Wiese ist eine öffentliche Feuerstelle. Jetzt gerade liegt sie einsam und still da. Nur ein kleiner Zettel verrät, dass hier vor nicht allzu langer Zeit, zumindest NACH dem letzten Regen, jemand war. Ich hebe ihn auf, so wie ich immer Müll einsammle, wenn es mein Rucksackgewicht und die Geländesituation zulassen.

O staune, es ist kein Müll! Mein Gebet des Tages

Es ist eine kleine Kopie eines Psalms, der mich hier genau in diesem Moment beglückt. Von der Idee „Zufall“ habe ich mich längst verabschiedet.

Dann erreiche ich den bezaubernden Ort Bebenhausen, und das mit dem „Nicht-Zufall" nimmt seinen Lauf: Just genau heute und jetzt wird im Ort das 200-jährige Jubiläum mit einem berührenden Ökumenischen Gottesdienst in der Klosterkirche gefeiert, mit Chorgesang und Orgelspiel.

Zur rechten Zeit am rechten Ort

Zum Abschluss segnen der katholische Pfarrer und die evangelische Pfarrerin die Gemeinde und wünschen – unter anderem – dass die Kinder an einem guten Ort heil und unbeschwert aufwachsen dürfen. Ich danke innerlich.

Das waren noch nicht alle wunderbaren Fügungen des Tages! Ich befinde mich hier unverhofft auf dem Jakobsweg und freue mich, wieder für ein Stück der gelben Muschel folgen zu dürfen. Die Pfarrerin gibt sich große Mühe, mir den Pilgerstempel für meinen Pass aus der hintersten Schublade im hintersten Winkel des wunderschönen Kirchgemäuers zu organisieren.

Über einen Feldweg erreiche ich Tübingen. Der Weg führt mich hinunter durchs Käsenbachtal. Da stehe ich plötzlich und unerwartet am berechneten Mittelpunkt von Baden-Württemberg. Nachdem hier, dank Kepler, der Ausgangspunkt aller Landesberechnungen liegt, wie ich es an den Schautafeln bei Weil der Stadt gelernt habe, stehe ich nun auch noch digital bestätigt am baden-württembergischen Mittelpunkt.

Tübingen, (mein) Nabel oder Kegel der Welt

„Tübingen, warum bist du so hügelig" – dieser dusselige Schlagerfetzen streift meine Hirnwindungen, als ich recht steil hinunter, Richtung Neckar pilgere.

Kurz darauf beziehe mein kleines Jugendherbergszimmer, genieße die Dusche und mache mich nochmals auf den Weg, um meinen Onkel zu treffen. Er lebt hier seit 60 Jahren, und für diese Kontinuität beneide ich ihn ein wenig. Stelle schnell fest: Er wohnt genau doppelt so lange hier in Tübingen wie ich in Essen.

Wir beide schlendern durch die Altstadt und fragen uns gerade, wo es jetzt ein feines Stück Kuchen für uns gibt, und was heute wohl in der Stiftskirche los ist, da außerordentlich viele Personen im Konzertkleidungs-Schwarz-Weiß umherschwirren. Wir erfahren, dass es als große Kooperation von Ulm und Tübingen heute Max Bruchs „Moses-Oratorium" geben wird. Mit Orchester, Chor, Solisten und spätromantischem Pomp.
Zehn Minuten später gibt es für Onkel und Nichte also nicht, wie geplant, Kaffee und Kuchen, sondern eine bombastische, musikalische Umsetzung von alttestamentarischer Wucht um Schuld und Sühne, nichts Geringeres.

Als der Schlusschor ansetzt, überzieht mich die Gänsehaut und mir fällt auf, dass hier, quasi im Außen, diese Themen von Schuld, Sühne und Buße verhandelt werden, die mich im Innern die letzten vier Jakobsweg-Wochen begleitet haben.

Heilig bis bombastisch

Es geht immer wieder um das Konstrukt des Dreiecks der Entmächtigung: Täter, Opfer, Retter. Egal, welche Situation, meist befinden wir uns wechselnd, wandelnd in einer der drei Positionen. Ich will da raus. Will kein Drama mehr, will nicht mehr kämpfen, nicht mehr streiten, nicht mehr recht haben, nicht mehr schneller sein, nicht mehr schöner sein, nicht mehr gewinnen. Mich nicht mehr so arg anstrengen – von wegen Strenge. Es darf ab jetzt gern leicht sein. Position und Priorität.

Viele Momente und Ereignisse der Vergangenheit sind da noch einmal vor dem inneren Auge vorbeigezogen, und das war nicht nur heiterer Spaziergang. Ich bitte all jene, denen ich je bewusst oder unbewusst Schmerz oder Schaden zugefügt habe, aus tiefem Herzen um Entschuldigung. Warum mir dazu „Kirchenprozessionsspinner" einfällt, muss ich noch ergründen.

Zum Abendessen gibt es für Onkel und Nichte „Pinse". Auch eine neu entdeckte Häufung beim Italiener. Pizza war gestern. Jetzt gibt's Pinse, mit 120 Stunden im Kühlschrank gereiftem Sauerteig, der letzte Sch …schrei. Sehr lecker obendrein!

Irgendwann falle ich in mein JuHe-Bettchen und freue mich, am nächsten Tag bei erwartetem Regen und Gewitter eine Pause einzulegen. Was das Wandern betrifft.

Tag 31: Pausentag in meinem Geburtsort

Auf dem Büffet ist fast alles Bio, da kann sich manch ein Hotel drei Scheiben von abschneiden, JuHe! Ich bin so froh, in den letzten Wochen die „Unendliche Einfachheit des Seins“ (Milan Kunderas Buchtitel sei hier entlehnt) in den Pilgerübernachtungsstätten und Jugendherbergen, in den Klöstern und Gemeindehäusern erlebt zu haben.

Was für ein tolles Frühstücks-Angebot mit Blick auf den malerischen Neckar samt zweier Schwäne

An Hölderlins Schreibtisch: „Rückkehr in die Heimat“

Bin jetzt genau einen Monat „auf der Walz oder Montage oder Peregrinación“ und denke wieder einmal an Hesses „Stufen“: An nichts soll ich also wie an einer Heimat hängen. Dass genau jener Hesse hier in Tübingen seine Ausbildung zum Buchhändler erfolgreich absolviert hat, erfahre ich später. Der im baden-württembergischen Calw geborene steht heute nämlich nicht an, sondern mein „liebschder Schwabe“, wie Schiller ihn nannte: Friedrich Hölderlin. Natürlich kann es keinen Aufenthalt in Tübingen für mich geben, ohne ihn in seinem gelben Turm zu besuchen.
Jedes Mal entdecke ich etwas Neues, in seiner Sprache, in seiner Lyrik, in seiner Schau, in seinem Lebenslauf. Heute ist es das Gedicht „Keppler“, wirklich mit zwei „p“.

Noch lange nachdem ich das Museum im Hölderlin-Turm verlassen habe, sinniere ich darüber, wie diese beiden Schwaben mir die Welt neu vermessen haben, oder so ähnlich. Da läuft eine

junge, eine sehr junge Frau an mir vorbei, sendet mit ihrem Handy wohl gerade eine Sprachnachricht. Es sieht so aus, als würde sie in ein Knäckebrot sprechen, irgendwie albern. Aber was ich da zu hören bekomme, ist alles andere als albern: „Den Sinn des Lebens sehe ich tatsächlich weniger darin, zu arbeiten, sondern andere zu bereichern."
Das hast du mit diesem Knäckebrot-Satz geschafft, junge Frau. Danke.

So schlendere ich zwischen Regenschauern und Gewitterdräuen durch die hübsche und geschichtsträchtige Altstadt, spaziere zur Jakobskirche, bewundere das „Hühneropfer" an der Kirchmauer, einer alten Jakobs-Legende gemäß. Dann wird wieder einmal in Alleinigkeit eine Runde gesungen. Im Anschluss erhalte ich beim griechischen Schuster gegenüber einen weiteren Stempel in meinen Pilgerpass, außerdem den Anblick des besten „Chiller-Schildes" seit Langem!

Und ich kann Sirtaki tanzen, danke, Lena!

Apropos „Chiller": Zurück in der JuHe und oben in meinem Dachstübchen wird es plötzlich laut auf dem Gang.

Eine neue Jugendgruppe ist angereist. Sämtliche männlichen Halb- bis Dreiviertelstarken sind jetzt meine Etagennachbarn. Wunderbarer Jungbrunnen, weil ich nicht erziehungsberechtigt oder -verpflichtet und damit für nichts verantwortlich bin. Weder für ihre Rülpser, noch für ihre männlich herben Deodorant-Duftwolken. Und schon gleich gar nicht für ihren „Chill-mal-Digger"-Slang, bei dem ich den Eindruck habe, sie hätten alle eine Stahlfeder zwischen Nasenwurzel und oberer Schneidezahnreihe gespannt, um der Hohlheit ihrer Worte wenigstens Karacho zu verleihen.
Aber wer bin ich schon, so etwas zu sagen?
In deren Augen ist meiner eine sicher eine alte, im Gesicht kuhgefleckte, alleinige Frau. Genau.
Nicht mehr, aber auch nicht weniger. Mal wieder frei nach Pippi Langstrumpf: Ich schau in die Welt, widde-widde-wie sie mir gefällt.

Eisernes Geländer, gleiches Baujahr wie mein Vater

Vor dem Gebäude angekommen, lese ich auf einer Informationstafel, dass dieses Gebäude damals von den Nazis als Einrichtung zur Schulung für die Hitlerjugend und den Bund deutscher Mädels erbaut wurde. Schweres Erbe. Gut, dass es hier in Tübingen nicht verschwiegen wird, dass es nicht vermeintlich vergessen wird, um im Dunkeln zu gären.

Mein JuHe-Schreibtisch: Dannheims Dachstübchen

So komme ich zum Schluss dieses Kapitels und zum Ende dieses Tages noch einmal auf das Dreieck der Entmachtung zu schreiben: Jede Zeit hat ihre Täter, ihre Opfer und ihre Retter und wie sich die Einzelnen selbst definieren. Was die Zeit des Nationalsozialismus betrifft, komme ich aus einer Täterfamilie. Es schmerzt. Jeder möchte lieber sagen können: „Mein Opa war im Widerstand! Meine Oma hat jüdischen Mitbürgern zur Flucht verholfen." Nicht so bei mir. Gar nicht. Reden ist Silber und schweigen macht krank, davon bin ich in diesem Zusammenhang überzeugt.
Auch das gilt es klar anzunehmen: Ich bin nicht meine Geschichte. Ich stehe ein für Mitmenschlichkeit, Toleranz und Freiheit. Und ich übernehme Verantwortung für den Bereich, den ich mit meinem Tun, meinem Lassen, meinem Singen und meinem Schreiben beeinflussen kann. Priorität & Positions-Spinnerin.

So schön ist diese Erde, sagt die Landstreichlerin, und wir sind hier alle zu Gast. Bitte lasst uns bemühen, uns anständig zu benehmen.

Tübingen – Riedlingen

Es ist wirklich aufregend, wie sich die Landschaft weiter und weiter wandelt, wie mir dieser Dialekt so vertraut ist – auch wenn es eine zwiespältige Liebe ist: In diesem Dialekt bin ich zu Hause, ich verstehe die Nuancen der Melodie, die ganze Nebensätze überflüssig macht.
Auf der anderen Seite geht es mir auch oft so, dass ich im schwäbischen Sprachklang die Großzügigkeit, die leichtherzige Hingabe vermisse und ein Gefühl von Enge bleibt. Beim Lauschen Schwäbisch sprechender Frauen ist es manchmal eine leichte Verkniffenheit, die ich meine herauszuhören, bei Männern etwas wie eine Bedienungsanleitung für Kleinmotoren, oder so ähnlich. Man denke an Daimler und Porsche.

Nun habe ich hier über einige Etappen die Möglichkeit und einzigartige Chance, diesem rauen und wirklich unverstellten Schwäbisch der Alb-Region nachzuspüren. Welch Wiederentdeckung! Eine wahrhaft besuchenswerte Landschaft, die mich so allerhand Revue passieren lässt. Dies ist eines der Worte, über das ich viel sinniert habe: passieren. Das bedeutet, es geht vorbei, es zieht vorüber. Wenn mir aber etwas passiert, dann ist es reflexiv eingebrochen in mein Leben und immer ein Stück weit unverrückbar.

Tag 32: Tübingen – Käpfle – Bärenhöhle – 20 Kilometer + Bus

Der Morgen in der Tübinger JuHe beginnt mit sanftem Nieselregen. Der Frühstücksraum ist rappelvoll mit rappelgutgelaunten jungen Menschen zwischen neun und 14 Jahren und dem zuständigen Lehr- und Pädagogik-Personal. Es ist eine reizende Zukunft, in die ich da blicke. Ehrlich, ich bin zuversichtlich.
Irgendwann reiße ich mich los, und hätte doch so mäuschengern noch mehr erfahren vom Haus der Urgroßmutter in Kroatien, oder dem großen Bruder bei der Bundeswehr, oder den kleinen Kindern des Deutschlehrers.
Im Blick auf die Wetterlage und die geplante Strecke heißt es jetzt aber: Carpe diem, oder auch Cape-Regen … Mein blaues Super-Wander-Woman-Cape kommt wieder zum Einsatz.

Der Weg führt an sich direkt am Neckar entlang, doch da hier derzeit großangelegte Renaturierungs-Maßnahmen umgesetzt werden, geht es lange an einem aufwendig beschrifteten, informativ bedruckten Bauzaun entlang.
Mir drängt sich der Gedanke auf: Was der Mensch da in jahrelanger, ach was,

Hier fließt die Ammer in den Negg'r

jahrhundertelanger Arbeit versaut hat, muss er jetzt wieder „gerade biegen", soll hier heißen „in die Krümmung zwingen", damit wieder mehr Überlauffläche, Artenvielfalt und ökologisches Gewissen gepflegt wird. Gut, dass es geschieht. Schade, dass der Mensch überhaupt so weit eingegriffen hat in seinem steten Bemühen, noch schneller, noch weiter, noch höher, noch und nöcher.

Schließlich komme ich, gemeinsam mit der Ammer, wieder an den Neckar, denke noch mal an mein Entringen, Ammerbuch im Schönbuch, Bilderbuch meiner Kindertage und überquere den Neckar.
Gedenke der unterschiedlichen Flüsse, die ich im Verlauf begleite, überquere, beschwimme, und überlege, auch diese franzenstypisch zu katalogisieren, wie ich es mit den Pflanzen ja auch schon begonnen habe: Ruhr, Wupper, Rhein und Würm, Ammer, Neckar, schauen wir mal.

Den Neckar lasse ich also hinter mir und dann geht es auch schnurstracks steil hoch. Die Schwäbische Alb kündigt sich an. Oben auf den Feldern der Hochebene singe ich mein Lied des Tages „Es regnet, es regnet, es regnet seinen Lauf" und habe wirklich Spaß daran, dass mir der Wind mein Cape um die Ohren wedelt. Er hat wahrscheinlich Spaß an meinem Lied, so haben wir alle etwas davon. „Und wenn's genug geregnet hat, dann hört's auch wieder auf." So ist er, der Lauf der Dinge.

Summ summ summ, Immlein summ herum

Ich komme nach Immenhausen, die Ortschaft mit dem schönsten Stadtwappen. „Bienchen, Bienchen gib mir Honig."

Eine Frau steht an ihrem Auto in der Einfahrt ihres Häuschens. Sie mustert mich unverhohlenen und spricht mich an. Da entspinnt sich ein herzlicher Austausch. Sie fragt sehr interessiert nach – hier wieder mit der Note „sehnsuchtsvoll". Dann kommt, in begnadeter Präzision des Dialekts, der Satz: „Ha, dafir ben i etzat z'alt. Außerdäm han i a Angschdschdörung."

Keine weitere Erläuterung nötig.
Sie will mich zum Kaffee einladen, doch mit Blick auf den dunklen Himmel und dem Stichwort (Gewitter-)Angststörung lehne ich dankend ab. Es zieht mich weiter, meinem Tagesziel entgegen. Dem Käpfle. Eigentlich schade, denn gerade diese unvorhersehbaren Begegnungen genieße ich so sehr.

Der Turm, den ich am Beginn des Tages am fernen Horizont als meinen Käpfles-Turm ausgemacht habe, ist noch ein ordentliches Stück entfernt, aber ich stelle mit zunehmender Erfahrung der Tage, Etappen und An- sowie Fernsichten fest, dass ich am Tag etwa so viel laufe, wie ich anfangs vom Ausgangspunkt bis zum Horizont sehen kann. So weit das Auge reichet, soweit wird das Füßchen gehen … sehr frei nach Hölderlin.

Irgendwann, nach einigen Kilometern Feld, Wald, Wiese steht der letzte Anstieg an und es donnert. Einmal. Unüberhörbar.
Von „Angschdschdörung" bin ich wirklich ein gutes Stück entfernt. Habe mir über die vergangen Wochen ja auch das eine oder andere Mut-Mach-Mantra geschnitzt, mit dem ich mich aus den unabänderlichen Situationen und Wetterlagen singend hinauslaufe, und das klappt gut!
Wie dem auch sei, mit meinem gleichmäßigen Schritt-Sing-Sang den Berg hinauf (zurückzugehen ist keine Option, weil ebenso frei dem potenziellen Gewitter ausgesetzt und eben weiter weg vom Ziel) fällt mir das Gedichtfragment von Rilke ein: „Ausgesetzt auf den Bergen", und ich erinnere mich, was dieses Gedicht schon für unterschiedliche Schattierungen bei mir ausgelöst hat, sinniere weiter, wie groß und großartig diese Wanderseelenräume sind, die sich mir hier eröffnen und in denen ich so ungestört den einzelnen Schattierungen meines Unwohlseins nachspüren kann. Zwischen Unbehagen und Angst kann ich da meine persönlichen „50 Shades of Grey" ausmachen: Hellgrau bis Gewitterschiefer.

Ausblick vom Käpfle: Wolken in allen Ausführungen zwischen Heiter und Drama

Gänzlich von weiterem Gewitter unbehelligt steige ich auf dem Käpfle oben noch auf den Aussichtsturm. Die Sonne lässt sich blicken, und ich bin tief bewegt

von der wundervollen Schau: Ich sehe zurück bis in die Stuttgarter Bucht, entdecke den Fernsehturm, der neun Jahre lang Nacht für Nacht in regelmäßigem Rhythmus in mein Kinderzimmerfenster geleuchtet hat. Wir sind quasi persönlich befreundet.
Hier bekomme ich einen formidablen Anblick von all dem, was bereits hinter mir liegt, im bildlichen, wie im übertragenen Sinne. Und auch einen Vorgeschmack auf das, was vor mir liegt: die Schwäbische Alb in ihrer rauen und kargen Pracht.

Kaum bin ich am Altehof unterhalb des Käpfle unter sicherem Vordach angekommen, kracht das Unwetter runter. Danke, dass du so lange gewartet hast.
Trocken und angstfrei auf vier motorisierten Rädern, also im faradaysch sicheren Käfig des Busses, führt der Weg jetzt spontan und völlig unverhofft über die Europäische Wasserscheide. Was? Hier schon? Das bedeutet: Ab jetzt hab ich mit Rhein und Nordsee gar nix mehr am Hut.
Ab jetzt fließt jegliches Wasser zur Donau und weiter ins Schwarze Meer.

Mitten im Dorf an der Kreuzung

Noch bevor ich weiter über die tieferen Bedeutungsebenen dieses Scheideweges sinnieren kann, springt mir das Abzweigschild zur Bärenhöhle ins Auge. Bitte was? Die Bärenhöhle? Hier? Echt jetzt? Da wollte ich schon so so so lange wieder einmal hin. Nie passte es einfach so in die bestehende Reiseroute. Und jetzt ist die Einladung unüberhörbar: „Komm Fränzchenklein, bist doch immer noch auf den Spuren deiner Kindertage. Wer macht denn die Regeln? Wer ist die Chefin?“
Das lässt sich Wander-Women nicht zweimal sagen und nutzt die Gunst der Stunde, das heißt dieser Tage, dass der gute Gatte mich und meine Route wieder ein kleines Stückchen mit dem Wohnmobil begleitet.

Meine Wanderung, meine Plan-Änderung! Wer sagt denn, dass ich keinen Fußbreit vom HW5 abweichen darf? Niemand.
Zwanzig Minuten später stehe ich vor dem Höhleneingang und erinnere mich schlagartig: „Rulaman“, das war der Lieblings-Jugendroman meines Vaters. Ein Buch, das er all seinen Kindern und Enkelkindern ans Herz legte, das wir einst aber allesamt grausig fanden.
Heute weiß ich warum: Ich habe es in diesem Frühsommer tatsächlich gelesen und war erschüttert, entsetzt und verärgert über dieses Herrendenken, den Ras-

sismus und die entwürdigende Herabsetzung unsere Vorfahren und der heutigen Naturvölker. So war sie eben, die wissenschaftliche Betrachtung eines ambitionierten Frühgeschichts-Forschers Ende des 19. Jahrhunderts. Doch bin ich ehrlich: Neben Ärger und peinlichem Berührtsein fasziniert mich diese literarisch anständige und lebendige Einbettung historischer Funde und wissenschaftlicher Fakten in eine erfundene, doch bewegende Familiengeschichte. Ganz sicher ist dieses Buch absolut kontrovers diskutierbar.

Höhleneingang mit Infotafel, auch zum Rulaman

Ich denke an die junge Frau, mit der ich im Haus Altenberg über ihr Masterarbeitsthema „Rassismus in Schulbüchern" gesprochen habe und spüre, da liegt noch ein weites Feld vor uns.
Wie toll, dass ich mich jetzt schon innerhalb meiner eigenen Wanderung zitieren kann, aber das nur am Rande.

Tag 33: Bärenhöhle – Gomadingen – 20 Kilometer

Am frühen Morgen, noch weit vor Sonnenaufgang wache ich auf. Der Regen trommelt ans Fenster, als würde jemand eimerweise Wasser gegen die Scheibe pfeffern. Ich bin so froh, ein festes Dach über dem Kopf zu haben, in einem trockenen Bett liegen zu dürfen mit der Gewissheit, mir gleich einen Kaffee machen zu können. Wie klein die Belange, wie groß und umfassend in ihrer Bedeutung.

Ich breche recht spät auf. Auf dem direkten Zuweg nehme ich gleich zweimal die falsche Richtung. Das mit der Orientierung kann heute ja heiter werden. Direkt am Waldeingang steht ein Wohnmobil, dessen Außenwände zwei riesige, prominent in schöner Landschaft thronende Wolfs-Ansichten zieren. Die stechen sicher jedem ins Auge, ist vielleicht auch und gerade das Anliegen der Wohnmobilbesitzenden.
Zwei Wölfe begleiten mich also über den „Grenzgängerweg" in den tiefen und wirklich dunklen Wald hinein. Inzwischen bin ich geübt und fokussiert auf das Deuten der Zeichen am Wegesrand, frage mich natürlich: Welche Wolfsthemen sind wohl heute dran?

Grenzgängerweg, na Bravo

Und dann wird es wirklich dunkel im Wald. Nichts mit 50 Shades of Grey: black, dark, and gloomy.
An einer Wege-Dreiergabelung steht im Zentrum eine schöne Linde mit Bank darunter. Auf dem Schild erfahre ich, dass sie „Jakobslinde" genannt wird. Wie schön, dass mir der Jakob immer weiter so tröstlich auf diesem Weg beisteht. Eine Winterlinde ist es und sie blüht sogar noch. Das erinnert mich daran, dass ich hier in höher gelegenen Gefilden unterwegs bin, in denen es kühler ist.

Längst vorbei ist das milde Rheintal, in diesen Tagen bewege ich mich auf dieser Europäischen Wasserscheide, das heißt, alles Wasser, was bisher nördlich davon herunterkam und sich den Weg in die Bächlein bahnte, fließt irgendwann in den Rhein und damit in die Nordsee. Und alles Wasser, was fürderhin vom Himmel oder aber auch aus meinen Augenwinkeln zur Erde fällt, fließt auf verschlungenen Wegen der Donau zu und damit ins Schwarze Meer.
Wann sehe ich die Donau auf dieser Route wohl zum ersten Mal? Irgendwann in zwei oder drei Tagen, je nachdem, wie exakt ich mich an die Wegführung des HW5 halte oder wie spontan ich meinen eigenen Weg wähle.

Engstlich/ängstlich mit Regen, statt Schnee, dafür auch ohne Maria und Kapelle

Ein Schild „Loipe/Skilift" reißt mich aus meinen Gedanken. Ich muss lachen. Vor einer Woche noch Schwitzen bei 37 Grad und jetzt Regen bei neun Grad und die Erinnerung, dass der nächste Winter sicher kommt.
Am Abend erfahre ich, dass es in den Alpen wirklich geschneit hat. Verrücktes Wechselbad.

Doch erstmal geht es zurück in den schwarzen Wald und zu allem Überfluss wird der Himmel jetzt mindestens genau so schwarz. Intuitiv schaue ich mich um, möchte so gern irgendwo einen Lichtschalter auf „an" umlegen. Mein

Mut-Mach-Mantra wirkt begrenzt. Bevor es auch in meinem Inneren noch dunkler wird, krame ich aus meinem Rucksack eine am Morgen gepflückte Königskerze heraus, die zentrale Königin meines ab jetzt entstehenden Reise-Kräuterbuschens, und trage sie vor mir her. Mein Licht, meine Zuversicht. Das mag dem Rational-Hirn völlig läppisch vorkommen, aber dem kleinen Seelenfranz tut das sehr gut und der Weg aus dem Wald wird leichter. Es hilft, ich helfe mir – und sei die Handlung der Prozessions-Spinnerin noch so kindlich. Wenn es meine Angst beruhigt, ist alles recht und gut. Mit Königinnenkerze und Bernsteinkutsche. Frei nach dem Motto: Wer heilt, hat recht.

Ich denke an die Wohnmobil-Wölfe. Habe vor ein paar Tagen einen interessanten Bericht über das Rudelverhalten der wandernden Wölfe gelesen. Vorneweg laufen die Schwächsten, sie geben das Tempo vor, dann drei von den Stärksten zum Schutz, dann die Durchschnittlichen und danach wieder die restlichen Starken, um den Trupp nach hinten abzusichern. Und zum Schluss das Alphatier, dem nichts entgeht.
Plötzlich fällt mir auf, was es hier und heute so schwer macht. Ich höre überhaupt keine Vögel. Es ist nicht nur dunkel, sondern auch noch still. Totenstill. Kein Vogel singt. Gespenstisch. Normalerweise erzählt mir der Wald an jeder Biegung eine Geschichte. Heute Stille. Ich soll wohl auf meine inneren Wölfe hören.

Was ist das für ein Geschenk, als ich plötzlich sachtes Vogelgezwitscher tief aus dem Wald vernehme. Es ist wirklich genauso, wie ich es irgendwann einmal gelesen habe: Der Gesang der Vögel (nicht nur am frühen Morgen) rührt uns so, weil er uns daran erinnert, dass wir noch am Leben sind.
Ja, ich bin am Leben. Ich bin am Leben, bin am Wandern, am Denken, bin am Suchen und am Finden, Erfinden, am Lösen und Erlösen. Die Königinnenkerze darf jetzt wieder zurück in den Rucksack.

Der Wacholder oder Machandelboom, wie er in einem Märchen der Gebrüder Grimm auch heißt, er wird hier nur weiter gedeihen, wenn der Mensch eingreift. Wenn er seine Schafherden durchgrasen lässt und die sich selbst aussäenden Eschen und Kiefern regelmäßig herausschneidet.
Ich lese das an einer der Infotafeln, habe dazu keine Haltung und schleppe mich den Sternberg hinauf. Es wird etwas mühsam.

Oben angekommen steht der große, hölzerne Aussichtsturm des Schwäbischen Albvereins und lädt mich natürlich ein, das Ganze nochmals von einer höheren Warte aus zu betrachten.

Der Weg führt hinaus auf die besonderen Wacholderheiden, die diese Gegend hier kennzeichnen

Zwischendurch ist Sonne da und Himmel blau – wie mein Regencape

Die 140 Stufen bezwinge ich – ohne Rucksack – recht schnell und die sicherheitsglasvergitterten Luken lassen dürftig erahnen, wie weit und prachtvoll sich dieses Land in seiner rauen Schönheit erstreckt. Wo genau verläuft sie hier, die Europäische Wasserscheide, meine derzeitige Vergangenheits- und Zukunftslinie. Wo komme ich her, wo will ich hin?
Jetzt erst mal runter. Das nächste Wetter ist im Anmarsch, different Shades of Grey.

Dann geht es nach Gomadingen. Dieses Tagesziel habe ich ganz bewusst gewählt, weil ich den Ortsnamen irgendwo in den Tiefen meiner Erinnerungen erahne, aber keine konkrete Geschichte dazu aufspüren kann, vielleicht fällt mir vor Ort ja etwas ein.

Trockenen Fußes erreiche ich den Ort ganz ohne Not und freue mich aufs Abendbrot.
Herzliche Grüße zur Guten Nacht an Herrn Goethe und seinen Erlkönig, von der Kerzenkönigin.

Tag 34: Gomadingen – Weiler – Loretto – 21 Kilometer + Bus

Regen kommt, Regen geht, Regen bleibt. Im frühen Morgengrauen schiebe ich eine kleine Zweifler-Runde ein: Was mache ich hier eigentlich? Warum und überhaupt? Wahrscheinlich sind es die Restwehen des gestrigen Tages und ich denke an die 50 Shades of Grey. Vielleicht sind es auch 50 Shades of Blue, denkt sich die kleine Melancholikerin, die aus dem Englischunterricht noch weiß, was „I feel blue" heißt. Blau – eine Farbe, die ich eigentlich nie tragen wollte.

„Die Erde dreht sich und wartet nicht, ob ich's mir irgendwann anders überlege", so poetelt es durch mein Gemüt. Dennoch oder gerade deswegen breche ich bald auf, in meiner blauen Wanderhose. Aha, also doch blau. Bin weder aus Marzipan noch aus Zucker, habe eine sehr gute Ausrüstung und will es wissen: Was bringt dieser Weg – im Großen und Ganzen und im Kleinen und Zerteilten? Genau dahin führt mich heute dieser besonders malerische Weg entlang der Lauter.

Das Lautertal, zu Recht beliebtes Ausflugsziel für Familien und überhaupt! Kanufahren kann man auf dem Flüsschen mit unterschiedlichen Längen von familientauglich bis ambitioniert. Und über jeder zweiten Flussbiegung thront eine Burg oder was von ihr übrig blieb.

Cómo se llama? Freundlicher Geselle am Wegesrand

Auf und ab in anspruchsvollem Wechsel führt mich der Weg gerade mal wieder unten an einem Gehöft direkt an der Lauter vorbei. Eine Frau sitzt am Wegrand. Neben ihr das uralte verrostete Fahrrad, das sicher nicht mehr straßentauglich ist, ihr aber zum Transport der abgetragenen Taschen und des verdreckten Schlafsacks dient. Das ist das Erste, was ich von dieser Erscheinung wahrnehme.
Der zweite Eindruck, den ich gewinne, entsteht durch ihr akribisches Umschütten einer undefinierbaren Flüssigkeit von einem leeren Schraubverschlussglas in ein zweites. Fasziniert von der besonderen, fast mechanischen Bewegung ihrer Hände, fällt mir der gelb verdreckte Farbton ihrer Haut auf. Mein Blick wandert in ihr Gesicht: von tiefen Furchen wie mit einem Steinmeißel gezeichnet. Das blonde Haar in einem dichten Filz wie eine Kapuze um den Kopf gestülpt. Unsere Blicke treffen sich und augenblicklich schäme ich mich, sie in ihrer Intimität beobachtet zu haben. Ich schaue weg und gehe vermeintlich normal weiter.

Gar nichts ist hier normal. Warum habe ich mich nicht getraut, sie nach ihrer Geschichte zu fragen? Nie werde ich jetzt wohl erfahren, wann sie, und vor allem warum, aufgehört hat, ihre Haare zu kämmen. Ob sie hier von der Wirtin vielleicht jeden Vormittag eine Tasse Kaffee bekommt und diese dann in ihre Aufbewahrungsschraubgläser füllt? Ob sie in dieser Gegend bleibt oder weiter durch die Lande streicht, wann sie das letzte Mal gestreichelt hat oder gestreichelt wurde? Ganz sicher ist, dass hier am Wegrand ein Geschöpf sitzt, das den gängigen Normen dieser Gesellschaft nicht mehr entspricht. Freiwillig, unfreiwillig, verletzt, verloren, entfleucht – ich werde es nicht erfahren. Weil ich mich nicht getraut habe, über meinen bisherigen Horizont hinaus auf das Unerwartete mit offenem Herzen zu reagieren.

An der Lauter wird's auch mal leiser. Das Entenidyll erinnert mich an ein Gemälde meiner Urgroßtante Cläre.

Die Begegnung mit dem Unerwarteten – das könnte eine Unter-Überschrift für die Tour werden.
Ich stelle fest, dass ich derzeit auf einem Abschnitt des Martinsweges unterwegs bin – wie überaus passend. Bloß, dass ich meinen Mantel eben NICHT mit der Frau mit dem Fahrrad geteilt habe.

Zur Erinnerung klebe ich mir, nach wohltuendem Singen in der Martinskirche, einen Stempel-Kleber in meinen Pilgerausweis. Darf man das? Mein Weg – meine Regeln. Ja, ich darf das.
Ob sich Martin und Jakob in meiner Ausweishülle nun vertragen werden? Wäre ja wohl traurig und völlig an den Lehren eines Jesus vorbei, wenn die zwei NICHT miteinander könnten.
Schön aussehen tut es obendrein.

Wacholderheide und Maisfelder wechseln sich ab. Der Weg führt mich immer höher, dem „Schachen" zu, den ich eigentlich nur umrunden wollte. Randnotiz: Dieser Schachen ist ein Namensbruder des bayrischen, vom Märchenkönig Ludwig II bebauten Kleinods, gegenüber der Zugspitze – nicht zu verwechseln!
Da hier erneut ordentlich Regen vom Himmel fällt, ändere ich den Plan und steige durch den vor Regen schützenden Wald hinauf, statt am Maisfeld drum herum zu verschlammen. Reh und Kitz springen mir über den Weg, und ich genieße einmal mehr all diese geschenkten Anblicke und Begegnungen.

Oben auf dem Schachen steht eine wirklich eindrucksvolle uralte und riesige Linde, die mir sanften oder besänftigenden Schutz bietet mit ihren herzförmigen Blättern und dem Duft. Hier schmeckt mein Vesper besonders gut, während Cape und Hut im Geäst leise abtropfen.

Kleiner Franz unter großer Lind

Bald versiegt der Regen. Ich trete aus dem Schutz der Bäume heraus und der Himmel reißt auf, um mir für einen kurzen Moment den ersten Ausblick auf die Alpenkette zu bescheren. Unverhofft, unerwartet, überwältigend! Mit meinen eigenen Füßen habe ich mir das über knapp fünf Wochen und ebenso viele hundert Kilometer erlaufen, schöne Bescherung!
Ob dieses Salzwasser, das da aus meinem Augenwinkel läuft, nun wohl in der Nordsee oder im Schwarzen Meer landet? Ich weiß es nicht.
Der weitere Weg ist abwechslungsreich, führt mich immer wieder steil hinauf, an der Burg Dreieck vorbei und danach wieder steil hinunter nach Hundersingen zur Lauter – Katzen jaulen leiser …

Am Abend denke ich noch mal an die Frau mit dem Fahrrad, wo sie wohl Unterschlupf gefunden hat. Wirklich schade, dass ich nicht den Mut hatte, sie anzusprechen. Hoffentlich hat sie ein trockenes Plätzchen gefunden.

Bei diesem Ortsschild, „Loretto“, fühle ich mich schon irgendwie italienisch oder südtirolerisch oder weiß nicht genau wie. Jedenfalls bin ich so dankbar, diese wunderbare, mir bis dahin völlig unbekannte Gegend über die Feld-, Wald-, Wiesen- und Bergwege zu erkunden.
Zum Sonnenuntergang gibt es noch einmal einen Blick in die Alpen. Ja, es hat dort geschneit. Ich kann die Schneefelder auf den fernen Bergen in der Abendsonne glänzen sehen.
Großer Bär wacht hoch droben in der klaren Nacht über meinem Fenster. Das Leben ist schön.

Abendstille überall

Tag 35: Loretto – Riedlingen – 20 Kilometer

Guten Morgen, lacht die Sonne. Und hinter ihr kommen Onkel und Tante Wolken, grau in grau. Also will es gut geplant sein. Ein Blick auf die Wetter-App lässt mich die überdachten Möglichkeiten am Weg abwägen: Wann und wie will ich wohin losgehen?

Bevor mir die Vielfalt der Alternativen die Laune verdirbt, ziehe ich gleich Regencape und Hose an. Tatsachen schaffen.

Tatsache ist auch, dass ich heute erst einmal auf dem HW7 unterwegs bin, weil mir die Aussicht mit dieser Aussicht bei Loretto zu übernachten, es unbedingt wert war, den HW5 zu verlassen.

Also, neue Wege, neues Glück: „Für mich soll's aus vollen Dosen regnen" trällert der Franz und geht los.

Exakte Ortsbestimmung

Zuerst geht es an meckernden Ziegen vorbei, über einen Biohof, der von so bezaubernden Nutz- und Blumengärten gesäumt ist, dass es mir ganz warm ums Herz wird. Ja, so etwas könnte, wollte, täte ich mir auch schön vorstellen. Zum Glück habe ich noch der Wochen und geschätzte 300 Kilometer Zeit, mir meine eigene Zukunft über den Weg zu träumen.

Dieser Weg führt mich aus malerischer Höhe hinunter Richtung Zwiefalten, immer entlang der Zwiefalter Aach. Ich sinniere über die Zweifaltigkeit und ob sie vielleicht eine Gemahnung an die Zeit vor der Idee der Dreifaltigkeit sein könnte. Also Tag UND Nacht. Hell UND dunkel. Mann UND Frau – nix mit ODER. Natürlich kommt mir auch das Wörtchen „Zweifel" in den Sinn und die Frage, woran ich, bitte sehr, noch wie stark zweifele, und warum.

Idyll zwischen glitzernden Nymphen und goldenen Fischen

In der Aach bei Gossenzugen (was für ein archaischer Ortsname) schwimmt über eine erstaunliche lange Strecke ein goldorangener Fisch neben mir her. Keine Ahnung, was der hier zwischen Regenbogenforelle und Saibling sucht. Alles ist hier mild: der Wind, der Duft, der Fluss des Wassers, die Farben. Irgendwie wird es mir heilig zumute.

Zwiefalten naht, auf dem Turm des Münsters brütet ein Storch. Es ist gerade mal neun Uhr.
Erst jetzt erfahre ich, dass das gesamte Gelände eine psychiatrische Einrichtung mit langer Tradition ist. Ein großer angelegter Park umschließt hier diverse Gebäude mit unterschiedlichen Stationen. Spontan fällt mir die Diakonie-Stadt hinter Köln und die Baumgartnerhöhe in Wien wieder ein. Hier wirkt alles trotz einsetzenden Regens einladend. Die Münsterkirche selbst ist geöffnet.
Ich bewundere die helle, freundliche Atmosphäre samt Palmen und fühle mich bereit zum Lied des Tages: mein „Sanctus". Heilig ist es mir.

Auf dem Weg in den Ort, um mir einen Vormittagskaffee zu genehmigen, lese ich an Infotafeln, welch traditionsreiche und auch wechselvolle Geschichte diese Psychiatrie hat.
Dass während der Zeit des Nationalsozialismus etliche Menschen aus dieser Einrichtung mit grauen Bussen direkt in die nächstgelegene Gaskammer abtransportiert und getötet wurden.
Euthanasie, der in diesem Zusammenhang geläufig verwendete Begriff, ist grausamer Hohn. Man bedenke, dass er sich aus den Worten „Eu" für gut und „Thanatos" für Tod zusammensetzt. Von allen guten Geistern verlassen.

Im Bäckerei-Café an der Hauptstraße werde ich sehr nett und interessiert bedient. Die Landstreichlerin erfährt hier offenes Interesse und Entgegenkommen. Der Kaffee schmeckt sehr gut, und was ich hier im Verlauf der nächsten halben Stunde an Gesprächen lauschen darf, ist unbezahlbar. Jeden Theaterautor, der solche Szenen in seinen Heimat-Schwank schriebe, würden sie schelten wegen unrealistischen Überschwangs. Kleiner Auszug:

„Ha woisch, i han es seit neueschdem mit em Herze."
„I au."
„Ond was machsch?"
„I nähm Tabledda."
„I au. Ab'r mein Herz schlägt z'langsam, des isch es Probläm."
„No musch halt mehra hupfa."
Dialoge für die Ewigkeit, Danke.

Mein Weg führt mich jetzt von Zwiefalten mit seiner Klosterbrauerei, in der wirklich köstliches Bier gebraut wird, hinauf nach Zwiefaltendorf. Dieser Dorfbrunnen ist eine Besonderheit. Der Platz ist abschüssig, der Brunnen thront in der Mitte, als könnte er alle Energien, die da vom Berg zum Tale strömen,

Madonna am Brunnen mitten im Dorf mit zwei Gesichtern

auffangen, abfangen, sichern, beruhigen.

Die Madonnenfigur ist zwiegesichtig. Zwiefealten, Zweifaltigkeit, Zweifel … diese Madonna schaut ohne Zweifel mit erwartungsfrohem Blick hinauf zum Berg, was möge da Gutes aus den Höhen empfangen werden, und schaut aber auch umsorgend, das Kind der Welt in den Armen, dem Brunnenbecken, dem Dorfe zu, als wolle sie all das Gute, Empfangene dem Dorf und seinen Bewohnern spenden.

Über den angrenzenden Feldern kreisen Storch und Milan friedlich umeinander herum: Leben UND Sterben, oben UND unten, ohne wenn UND aber.
Auf dem Weg liegt ein toter Maulwurf; erst bei genauerem Hinsehen erkenne ich, dass es ein Maulwurf ist, der da auf dem schwarzen Asphalt liegt, denn sein Fell ist hell, gelbgold.
Kein Hamster, nein: Die Grabehändchen zeichnen ihn eindeutig als Maulwurf aus. Gold wie der äußerst lebendige Fisch am Morgen. Und hier nun tot mit Blutfleck auf der Goldenen Brust.
Schwarz-Rot-Gold geht es mir durch den Sinn, als ich ihn vorsichtig in der Böschung beerdige.

Auch das ist Deutschland, durchzieht es mich weiter, obwohl ich aus dem Stand nicht mal sagen kann, wie diese drei Farben der Flagge des Landes, das als Nationalzugehörigkeit in meinem Pass eingetragen ist, angeordnet sind. Singen kann ich dem güldenen Maulwurf zum letzten Geleit allemal.

Nach einem schönen Abstieg OHNE weiteren Blick in die Alpen komme ich ein einer Kirche mit gusseisern umzäunten Friedhof entlang, singe erneut und bekomme danach auf der Wiese des Vorgärtleins eine große Storchenfeder kredenzt, weiß UND schwarz. So sind die Farben seines Gefieders: schwarz und weiß; rot sind sein Schnabel und die Haxen, also Stelzen, also Beine. Das sind seit je her die drei Farben der Großen, der dreifachen Göttin, der Holle, die in ihrem Reich die Kinderseelen behütet, bis der Storch sie wieder auf die Erde in ihre neuen Familien bringt. Ich liebe unsere Traditionen, unsere Mythen und unsere Märchen. Danke ihr Brüder Grimm fürs Sammeln und Bewahren.

Bald ist der Moment, der Wegabzweig gekommen, ich nähere mich der Donau. Kann nicht sagen, warum mich das so rührt, was dieser Fluss, oder allein die Assoziation durch den Klang, den Namen in mir auslöst. Danube, einst wohl als große, weibliche Gottheit verehrt. „Donau so blau" heißt es dank Johann Strauss dann spätestens ab Wien. Hier und heute ist sie alles andere als blau und auch noch kein starker Strom.

An der Brücke erwartet mich Sankt Christoph und ich lasse mich sehr gern von ihm hinüber begleiten. Über den Jordan … über die Wupper … Formulierungen für den Übergang, nicht für das Ende.

Die Donau führt ihr Wasser dem Schwarzen Meer zu und der heilige Christoph passt auf uns auf

Jetzt also über die Donau. Spontan beschließe ich, noch ein wenig länger an ihren Ufern zu bleiben, wechsle auf den HW7 und komme schließlich trocken und heiter in Riedlingen an. Von Störchen begleitet und von Störchen erwartet. Hier prangen etliche Nester auf den Türmen der Stadt, und das Geklapper ist schönste Musik.

Ich kann nicht einschlafen, und das will etwas heißen. Ich kann sonst immer schlafen, überall.
Zuerst hält mich das alkoholisierte Gegibbel zweier junger Frauen wach, die direkt unter meinem Fenster auf einer Bank Platz genommen haben. Wie elektrisiert zähle ich die Sekunden bis zur nächsten hysterischen Lachsalve der einen, im Wechsel mit den teils aggressiven Bölkattacken der anderen.

Letzter Regen am Abend spannt einen Bogen über die Donau

Irgendwann kommt segensreicher und ruhestiftender Regen. Doch dann ist es die nahe gelegene Kirchturmuhr, die hier unbeirrt die Nacht über jede Viertelstunde anschlägt und zwar exakt mit den beiden ersten Tönen aus dem Quartett aus Beethovens Oper Fideleonore. „Mir ist so wunderbar“. Diese Tonfolge nebst assoziiertem, innerem Weitersingen macht mir den Schlaf unmöglich. Mir wird und bleibt irgendwie sonderbar. Alle fünfzehn Minuten eine neue Gedankenschleife, das macht über die Nacht sicher mehr als 150 Shades of Grey.

Tag 36: Ruhetag in Riedlingen

Seltenes Feuchtbiotop – urzeitlicher Urwald

Ausgeschlafen und gutgelaunt ist anders.

Aber bei soviel Eindrücken und so vielen Erlebnissen, so vielen Kilometern und Landschaften ist es selbst mir völlig einleuchtend, dass es dieser Ruhetage dringend bedarf. So darf ich heute wieder schreiben, und das tut gut.

Zwischendurch gibt es einen kleinen Ausflug durch die „Perle an der Donau“, wie sich Riedlingen selbst vielversprechend beschreibt. Und es ist wirklich besuchenswert. Eine hübsche Altstadt mit „Storchenpalästen“. Auf der anderen Uferseite eine Art Mangroven-Landschaft, die einen unvermittelt vom Uferweg verschluckt, beeindruckend.

Klostergarten. Heute sind hier Stadtbibliothek und Archiv untergebracht

Kapuzinerkloster und Kapelle unserer Lieben Frau werden noch trockenen Fußes besichtigt. Hier lässt es sich entspannt singen und ein wenig in der letzten Sonne vor dem nächsten Gewitterschub ausruhen.

Ich flüchte vor Regen und lande im wahrscheinlich unattraktivsten, aber ältesten Café der Stadt. Schreibe an meinen Eindrücken der letzten Tage und bin froh, hier so ungestört in meinem inneren Autistenzelt werkeln zu dürfen.
Bei frisch erstrahlendem Sonnenschein ziehe ich um ins schöne Café am Fluss, sitze beseelt auf einer hübschen Terrasse über der Donau und denke an Essen, wo es ein Lokal mit dem gleichen Namensschild gibt.

Liebe Grüße von Riedlingen nach Rüttenscheid von der schwarzen Katze

Draußen komme ich nach einer weiteren Schreib-Autistenzelt-Einheit mit einem Fahrradfahrer ins Gespräch, der sich an meinen Tisch gesellt hat. Wie schön, auf seine Fragen hin meine Erlebnisse und Erfahrungen teilen zu können. Es sind die Verbindungen – von einem Ort zum andern, von einem Menschen zum anderen, von einem Tag zum anderen –, die diese Zeit so wertvoll machen. Bereitsein für das Unerwartete.

Riedlingen – Oberstaufen

Beobachten kann ich, dass mir in den letzten fünfeinhalb Wochen wirklich nichts gefehlt hat. Alles, was ich brauche, ist in meinem blauen Rucksack. Gedanken an den luxuriösen Überfluss, der zu Hause auf mich wartet, beklemmen mich eher.
Das Wort „Urlaub“ will plötzlich erkundet werden. UR – wie im Urwald? LAUB – wie Blattwerk? War oder ist das jetzt Urlaub, den ich mache?
Immer wieder bekomme ich zu hören: Tja, wer sich das leisten kann …
Ja, ich leiste es mir, mich zu fragen: Wer bin ich? Wo komme ich her? Was ist meine Aufgabe in diesem Leben? Die Teilantworten, die in den letzten Wochen dazu bereits auftauchten, sind ein recht buntes Kaleidoskop. Jetzt haben sich die Farben verändert. Vielleicht läuft es auf ein Mosaik heraus, das ich mir aus all meinen Anteilen, Erfahrungen, Erkenntnissen legen werde, um darauf den nächsten Abschnitt meines Lebens zu tanzen.

Tag 37: Oberessendorf – Bad Wurzach – 23 Kilometer

Zwischen dem letzten Etappenziel und Ruhetag in Riedlingen und dem heutigen Startpunkt Oberessendorf liegt eine großzügige Tagesetappe, die ich aus ganz praktischen Gründen übersprungen, besser: mit dem Bus „überfahren“ habe. Kann ich ja machen, meine Tour – meine Regeln.

Oberessendorf: entferne „Ober“ und „Dorf“, erinnere dich, wo du aufgebrochen bist vor knapp 40 Tagen

Hier habe ich mich aber tatsächlich selbst ein Stück überfahren, denn genau mit diesen knapp 30 Kilometern habe ich die Schwäbische Alb verlassen und bin im Allgäu gelandet – unaufmerksam einfach vom Bus verschleust. Das tut mir ehrlich leid.
Ich hätte der wunderschönen, rauen Schwäbischen Alb, die ich für mich völlig neu entdeckt habe, gerne ein paar würdevolle Abschiedsschritte gegönnt, vielleicht sogar ein Tänzchen.
Ich fahre aber nicht etwa die verlorenen Ansichts-Kilometer wieder zurück, nein: Alles auf der Tour gehört zur Medizin. Weiter geht’s.

So darf ich mich damit und mit mir auseinandersetzen, was ich meine, wie und wo zu versäumen, was wann und wie wichtig ist – und nebenbei, ob ich eigentlich noch richtig ticke oder ob mich dieses Natur,- Körper- und Seelen-Wanderding schon weiter aus der Realität gewiegt hat, als mir mit Blick auf meine Rückkehr in die Realität oder den Alltag oder das Ruhrgebiet, lieb sein sollte.

Am Feld entlang sehe ich in der Ferne ein großes Gehöft, einen kleinen Weiler, und das höchste Scheunengebäude ist zur Hälfte abgedeckt, zusammengestürzt, der Schutt recht ordentlich gehäuft.

Schmerzliche Zerstörung inmitten der Idylle

Ich überlege, ob sich der Bau vielleicht nicht zu erhalten lohnt. Beim Näherkommen erkenne ich, dass auf dem verbliebenen Dach die Reste einer einst aufwendig aufgestellten Solaranlage stehen.

Im schön und nahrhaft angelegten Bauerngarten-Grundstück daneben werkelt der Besitzer, wir kommen ins Gespräch. Ich liebe diese Zaungespräche: Beide Parteien wissen, dass man sich auf nichts verpflichtet, sondern einfach nur für den Moment eine Verbindung aufbaut. Wir sind soziale Wesen, das wird mir auf dieser Reise ganz besonders bewusst.
Ich erfahre, dass es der Sturm vor zwei Wochen war, der hier in zehn Minuten maximaler Wirkstärke das Solardach abgerissen und über die weitläufige Weide verteilt hat. Wie bedauerlich, dass ausgerechnet der Versuch, nachhaltig und energieeffizient mit Solarenergie zu arbeiten, um dem Klimawandel ein kleines Stück in Eigenregie entgegenzuwirken, dass ausgerechnet dieser Einsatz von eben den Folgen des Klimawandels fortgerissen wird. Dass die Versicherung alles daran geben wird, nicht für den entstandenen Schaden aufzukommen, versteht sich von selbst.

Ich freue mich über jede der seltenen Begegnungen, in denen es nicht zum Klagen und Anklagen und Auswärtsbeschuldigen kommt, sondern jeder dem anderen wohl gesonnen und bei sich bleibt. Dann trennen sich die Wege wieder. Franzi geht dann weiter.

Ich habe mit meinem Nachnamen ja schon so manches schöne Wortspiel gemacht: „franzi geht dann heim", natürlich geht es da um Heimat. Was neu daran ist: Es geht um das klar lokalisierbare Gefühl von Heimweh. Ich kann in radikaler Ehrlichkeit mir selbst gegenüber sagen: Ich habe seit etwa 45 Jahren Heimweh.

Habe vor einiger Zeit einen Artikel zum Thema gelesen und dass es tatsächlich das „Heidi-Syndrom" genannt wird. Nach der kleinen quirligen Titelheldin aus der Feder von Johanna Spyri, die in meiner Kindheit durch die leicht mangaeske Zeichentrickserie zu größter Bekanntheit kam.

Heimweh – nach grünen Weiden, weitem Himmel, Bergen am Horizont – oder wonach eigentlich?

Kurz zusammen gefasst geht es da um ein kleines Mädchen, das augenscheinlich unter nicht idealen Bedingungen die Kindertage auf einer Alm in den Schweizer Alpen erlebt und dann aus sinnvollen, verantwortungsbewussten Gründen eine vielversprechende Erziehung in der fernen Stadt Frankfurt und dem dazugehörenden gehobenen Ambiente erhalten soll.

Und was geschieht? Sie wird krank. Undefinierbar. „Jetzt stell dich mal nicht so an, du hast es doch gut!" Außen ja, innen: Murenabgänge. Nennen wir es an dieser Stelle Psychosomatik.

Dass der Mensch durch seelische Belastungen krank werden kann, ist allgemein anerkannt. Dass er im Umkehrschluss über die Psychosomatik gesunden kann, leuchtet auch ein, zumindest mir. Allerdings kann man ein Thema immer nur aus der nächst höheren Perspektive betrachtet erkennen und dann auch lösen. Basis ist der Körper, die Ebene darüber bestimmt von Gefühlen und Gedanken. Im Weiteren wirkt die Seele in ihren Bildern von Märchen, Mythen und Zeremonien. Alles umweht und durchdrungen von reinen Energie, Urform des Alleins, der Schöpfungskraft, des Großen Geistes, Gottes oder welche Namen wir dem Namenlosen eben so geben wollen.

Oben im Wald steht die Wallfahrts-Kapelle St. Sebastian. Ich wundere mich einmal mehr, mit welcher Inbrunst die grauseligen Pfeil-Durchbohrungen, Fleischwunden und Leidensqualen dargestellt werden. Nach heutigem „Überall-sind-

Regeln"-Standard müsste doch am Eingang jeder Kirche eine Triggerwarnung wegen der Gewaltdarstellungen stehen!

Wenn ich aber von meinem Intellekthirn Abstand nehme, leuchtet es mir ein, dass es auch hier um archetypische Ur- und Seelenbilder geht, Bilder statt Worte, quasi erste Comics.

Überall geschmiedete Pfeile, damit es auch die Letzte versteht, wie der Sebastian zu Tode kam

Direkt im Anschluss sind zum Ausgleich wieder Heidi-würdige Fränzchenfreuden angesagt: Ich finde mich im üppigsten Blaubeerwald wieder, den ich in meinem Leben je sah, gehe in die Knie und genieße.

Beim Versuch, dies fotografisch festzuhalten, lege ich mich mitsamt Rucksack hin, um die rechte Perspektive zu finden. Da kommt doch tatsächlich von rechts ein großer, stattlicher Feldhase vorbei, ganz nah. Der denkt sich wahrscheinlich: „Ah, diese blaue Rucksack-Seekuh kommt so schnell nicht auf die Beine, hier droht keine Gefahr."

Fränzchen im Blaubeerwald: Den blauen Rucksack sieht man auf diesem Bild nicht, den Hasen leider auch nicht

Ich bleibe mucksmäuschen still liegen, und genieße den Scharwenzel-Hasen-Anblick.
Im Augenwinkel erahne ich in wirklich weiter Entfernung ein Wanderpärchen, der Hase auch – Zack! – weg ist er. Ich habe jetzt auch genug Blaubeeren gevespert, rappele mich recht unelegant auf und ziehe weiter talwärts.
Eine köstliche, kulinarische Wanderung durch den Sommer ist das: erst Kirsche, dann Himbeere, Mirabelle, Brombeere und jetzt Blaubeere. Bin gespannt, was noch kommt.

Beim Abstieg ins märchenhafte Wurzacher Moor höre ich, wie sich zwei Radler über ein verendetes Wildschwein am Wegesrand unterhalten. Wenn sich Radler beim Radeln unterhalten, ist das auch schwerlich zu überhören. Als fühlten sie sich in einer unsichtbaren Kapsel, quasi in Zweirad-Zweisamkeit eingeschlossen. So ist solchen Radlern oft kaum ein Thema zu intim, als dass sie es nicht unbedacht in die Welt posaunten. Abgesehen davon ist es kein Wildschwein, das da am Wegesrand liegt, sondern ein ausgewachsener Dachs.

Ruhe in Frieden, du schönes Geschöpf

Ich kann ihn nicht beerdigen, er ist zu schwer und zu groß. Aber ich kann ihm am Wegesrand einen Abschied mit Blumen bereiten, bei dem er bei seinem Namen genannt und entlassen wird.
Adieu kleiner Bär.

Wenn wir uns dem wahren Wesen nähern wollen, müssen wir lernen die Dinge beim Namen zu nennen.

Das Moor ist dann eine eigene Welt voll Duft und Geheimnisse. Endlich kapiert der Mensch, dass er den Torf nicht einfach so weiter abstechen darf. Im Gegenteil: dass gerade das Moor in der Lage ist, besonders große Mengen von CO_2 zu binden.
Am Ende gibt es einen köstlichen Kaiserschmarrn im Biergarten vom Wurzelsepp – ja, Bayern naht.

Bad Wurzach selbst ist ein hübscher Ort, die ehemalige Klosteranlage „Maria im Rosengarten“ vorbildlich der weltlichen Nutzung überführt. Überhaupt wirkt hier vieles angenehm aufgeräumt und im besten Sinne selbstzufrieden. Sehr zufriedenstellend endet der Tag.

Tag 38: Bad Wurzach – Leutkirch – 22 Kilometer

Trotz einer (für meine Verhältnisse) recht langen, geplanten Tagesetappe starte ich mit einer Runde Musik. Packe die Ukulele aus und zupfe mich durch mein kleines, handnotiertes Wander-Liederbuch. Es umfasst wirklich nur die Lieder aus all meinen Berufs-, Lebens- und Wanderetappen, die mir Besonderes bedeuten.
Diese Lieder sind nur aus sich selbst heraus, für mich und zum Teil von mir. Als würde ich in einem stillen, tiefen See baden. Nur wenn ich ganz ruhig werde,

sehe ich, wie sich die Berge und Bäume, die Welt eben, in der Oberfläche spiegelt.

Mit Brille, Ukulele und Musen-Muße

Ein weiteres Phänomen, dem ich mich in der langsamen Ausgiebigkeit meiner Pilgerschaft hingeben kann, ist das Schauen. Wie ungewohnt und anstrengend ist es, in der Ferne ein Ziel zu fixieren, um beim Laufen beispielsweise den entfernten Baumwipfel stets im Blick zu behalten. Um im nächsten Moment auf das Handy-Display zu gucken, da ich den Abzweig vor lauter Weitblick wohl verpasst habe. Spürbar andere Müskelchen kommen hier zum Einsatz. Ich meine nicht die Waden, sondern wirklich die Augenmuskulatur.

Spannend wird es, wenn hier nochmals der stille, klare See ins Spiel kommt. Wenn ich die Kringel auf der Oberfläche fixiere, ist die Augenspannung eine andere, als wenn ich die Steine am Grund mit dem Blick abtaste. Ist die Oberfläche ruhig, sehe ich im Spiegel die Berge und sofort fühlt es sich nach Weitblick an, obwohl die reflektierende Wasseroberfläche doch Nahstrecke ist. Verblüffende optische Täuschung. Mir fällt Physik Klasse 9 ein: Einfallswinkel = Ausfallswinkel. Danke, Herr Eberle, endlich weiß ich, wofür das alles gut war.

So ein Puttenköpfchen aus Holz hing früher über meinem Kinderbett

Dann führt mich der Weg am Schild „Schwäbische Barockstraße“ vorbei, und es wird wirklich malerisch schön.

Auf einer längeren und recht geraden Strecke asphaltierten Weges – ja, ich liebe den Genitiv …„Genitiv ins Wasser, weil es Dativ ist“ kommt mir aus grauer Gymnasial-Zeit in den Sinn – also leicht bergauf, dem asphaltierten Weg folgend, wage ich ein neues Experiment. Dazu ist es vielleicht sinnvoll zu schreiben, dass ich auf meinen bisherigen Wegen weitestgehend allein unterwegs bin. Das heißt: (fast) kein menschlicher Kontakt über den Tag. Meine Kommunikation mit Pflanzen, Tieren, Wassern und Steinen, Wind und Wetter wird dafür immer feiner.

Zurück: Ich bin also allein auf diesem Weg und beschließe, ihn rückwärts zu begehen. Während meine Füße bergabwärts über die Ferse hinauf gehen, schaut mein Blick hinunter weit ins saftig grüne Tal. Allgäu, du bist arg schön.
Am wunderbaren Aussichtsberg „Wachbühl" mit seiner kleine Kapelle, die St. Columban und St. Gallus geweiht ist, kommt es zum Lied des Tages: das Heidi-Lied zur vorhin erwähnten Fernsehserie, adaptiert für Franzi.

Dann merke ich, dass rückwärts bergauf gehend ganz andere Beinmuskeln zum Einsatz kommen. Es verunsichert, nicht zu sehen, was kommt, auch wenn ich am Asphaltrand gut abschätzen kann, dass ich mich in der Mitte des Weges bewege. Die spannendste Beobachtung ist, dass mir Luft und Laufwind nun nicht um die Nase wehen, sondern dass ich in meinem eigenen Windschatten atme und dadurch differenzierter rieche. Welche Blume? Wie feucht ist die Erde? Wann wurde der Zaun gestrichen? Hundekacke oder doch Fuchs?

Fast gerade Strecke – vorwärts, wie rückwärts – mit Stab

Dann führt der Weg friedlich und umhüllend bewaldet bergab, am Brunnentobel entlang. Ich singe und rezitiere in der Einsamkeit recht lauthals alle meine bisher schon verdichteten Pilger-Gedanken.
Später komme ich an einem liebevoll gestalteten Selbstversorgergarten vorbei. Wieder tonlos, versteht sich. Der Hund bellt sich trotzdem hinter seinem Zaun einen Wolf. Es ist vielleicht mein Hut, eher mein Stab, der viele Hunde ausrasten lässt.
Darauf erscheint die Gartenbesitzerin, eine erfrischende Erscheinung. Leicht und heiter albern wir über meine Unverschämtheit von Hut und Stab. Kleine leuchtende Begegnungen, die den Tag und die Seele erhellen. So komme ich mit

blendender Wanderlaune und einem überraschend starken Sonnenbrand schließlich in Leutkirch an. Wieder so ein schöner und unaufgeregter Ort.
Im Drogeriemarkt erhalte ich von einer reizenden Verkäuferin kompetente Beratung zum Thema „Deodorant“, da meines bei den enormen Temperaturen in den vergangenen Wochen ab und an versagte. Der neu erstandene Kosmetikartikel erfüllt in den kommenden Wochen alle Erwartungen. „Quod erat deodorandum“ tüdelt es im Lateinerinnenhirn.

Zum Abend hin lande ich noch im Naturbad.
An diesem See teile ich mir den Uferzugang mit Familie Schwan. Wirklich entzückend, wie die drei grauen Schwanenkinder unbeholfen an Land pummeln, um dann die eleganten Putzbewegungen der Eltern nachzumachen. Danach, sichtlich erschöpft, wird geschlafen, wie Schwäne eben so schlafen: Schnabel unter den Flügel, nur dass diese Stummelflügelchen noch viel zu klein sind, als dass da der Schnabel bedeckt wäre. Er schaut einfach wieder raus, der Schwanenkinderkopf, egal. Augen zu und poof. Die Energie folgt der Absicht. Danke, kleiner Schwanensee.

Erfrischendes Bad und angenehme Entspannung für alle

Zum Abendessen geht es in den Dorfgasthof „Mohren“ und ich denke daran, dass in vielen Ortschaften derzeit mehr oder weniger darum gekämpft wird, ob diese Lokale, häufig mit einer Gestalt wie früher bei Sarotti geschmückt, ihren Namen behalten sollen, dürfen, wollen. Was sagte wohl meine Masterarbeits-Frühstücks-Nachbarin aus Altenberg dazu? Gefühlt sind seither Monate vergangen, tatsächlich sind es fünf Wochen.
Hier und heute Abend bekomme ich noch eine ganz andere Studie, zum Thema eigene Vorurteils-Verhaftung. Am Nachbartisch sitzt ein Paar. Ich glaube, die beiden kennen sich noch nicht so lang und gut, scheinen irgendwie aus zwei verschiedenen Welten zusammengewürfelt worden zu sein. Mein erster ungefilterter Impuls: typische Sugardaddy-Kombination. Er: beruflich erfolgreich, wohlhabend, aber emotional und/oder sexuell unausgelastet. Sie: frisch und auf bezahltes Abenteuer aus. Dannheim! Was fällt dir ein! Aber ich kann nicht anders, muss weiter möglichst unauffällig beobachten. Sie sieht wirklich appetitlich aus, wilde

Locken, volle Lippen (ob nachgeholfen, kann mir ja so was von egal sein!). Sie trägt ein elfenbeinfarbenes, kurzes Trägerkleidchen mit topmodischem Cutout, also ovalem Ausschnitt unterhalb der Brust und über dem Nabel. Solarplexus-Schau. Hab ich auch noch nie gesehen. Die Käsespätzle werden einhändig und etwas lustlos zerstochen, da sie mit der anderen Hand das Handy bedient. Er schaut viel und recht leer in die Gegend. Zusammenfassung: Sieht lecker aus, fühlt sich aber irgendwie vergeblich an.

Jetzt wird es am anderen Nachbartisch lebhaft. Zwei Männer und eine Frau nehmen Platz. Alle drei in Heavy-Metal-Schwarz. Der Vorurteils-Franz sagt: Ah, Motorradrocker. Auf ihren T-Shirts sind bluttriefende Horrorfratzen unterschiedlicher Art, wirklich grauslich. Mir fallen die Märtyrer-Darstellungen der Sebastians-Kapelle wieder ein. Ich frage mich gerade, wo da die Schnittstelle zum Death-Metal sein könnte, da wird nebenan fröhlich Bier bestellt, Bügel-Verschlüsse ordentlich zum Ploppen gebracht. Alle drei kichern. Zusammenfassung: Sieht furchteinflößend aus, birgt aber ansteckende Lebensfreude.
Schöne Lehrstunde in Sachen „Äußerlichkeit versus Innere Wahrheit" in schöner Landschaft.

Tag 39: Leutkirch – Riedholz – 7 Kilometer + Bus

Die Wolken hängen heute bis auf die Maisfelder herunter. Selbst im Allgäu ist es heute trüb – und bei mir auch. Ein paar berufsbegleitende Mails wollen beantwortet werden, dazu muss ich selbst erst mal die Antworten für mich finden.

Es regnet, es regnet und hört heut nimmer auf

Heute hätte der krönende Abschluss des Schwäbischen Wanderweges Nummer 5 angestanden: Recht anspruchsvoll wäre es zum höchsten Berg von Baden-Württemberg gegangen, zum Schwarzen Grat. Aber bei Regen ist es mir heute überhaupt nicht nach anspruchsvollen Wegen. Ich verzichte freiwillig und werde dies auch bis zum Ende hin nicht bereuen: meine Tour – meine Regeln. Außerdem habe ich mit dem Maximiliansweg noch genügend Bergansichten vor mir, von Westen nach Osten die Alpenkette entlang. Ich bleibe heute also gern im Tal und lege die Etappe motorisiert zurück.

Der Argentobel bei Riedholz – eine Reise wert

Es ist schön, dass mein guter Gatte in diesen letzten Tagen wieder Zeit hatte, meine Tour mit dem Wohnmobil zu begleiten, mir zum Abend hin also Station zu machen. Und so ist er es, der für den letzten gemeinsamen Abend, bevor es für ihn wieder nordwärts geht, also fährt, einen besonders schönen Übernachtungsplatz wählt.

Riedholz am Argentobel, genannt Eistobel, weil es in dieser wilden, tiefen Schlucht im Winter zu ganz besonderen Eisformationen kommt. Beim Schreiben dieses Wortes „Eisformation" assoziiere ich zum Wort Konfirmation, also zur erneuten eigenständigen Bestätigung, und das wird es hier an diesem Ort für mich. Zum kleinen Abendspaziergang, bei sehr kurzzeitig schönem Wetter, steige ich steil die Schlucht hinunter und bin fasziniert von dieser besonderen Gesteinsart, die sie – völlig nachvollziehbar – „Herrgottsbeton" nennen.

In Anlehnung an den heutigen Vollmond kommt es spontan wieder zum Lied des Tages: „Moon River". Ach Audrey, du wundervolle einzigartige Holly Golightly. Es ist mir eine Ehre, dein Lied in mein Repertoire aufzunehmen – mit Ukulele versteht sich.

Hier unten fällt mir schlagartig ein, dass ich 2018 genau hier im Allgäu meinen Abschluss in der Weiterbildung „Europäische Ethnomedizin" gemacht habe und eine Exkursion mit Bärbel Bentele in diesen Eistobel erleben durfte. Eine nachhaltig prägende Begegnung, die ich am kommenden Tag tiefer durchdenken werde. Außerdem startete ich 2019 hier im Allgäu meine „franzalpina", meine Alpenüberquerung auf dem E5, dem Europäischen Fernwanderweg Nummer 5. Von hier aus ging es damals über die Nagelfluh und das Timmeljoch bis weiter bis nach Verona.
Langstrecke, das ist genau mein Ding, auch wenn ich im profanen Alltagsleben oft ungeduldig, vielleicht sogar unstet bin.

Für heute bin ich froh, mit und dank Gatte an diesem Ort gelandet zu sein. Ein Teller Nudeln, ein Glas Rotwein, und der Vollmond geht über dem Bergrücken auf. Die Nacht ist sternklar.

Schnittermond im Fensterspiegel: Einfallswinkel gleich ... Danke, Herr Eberle

Schnitter-Vollmond. Jetzt geht es also daran, die ersten Ernte-Schnitte zu setzen. Habe ich das Richtige gesät. Habe ich es recht gehegt? Werde ich genug für den Winter haben? Das wären jetzt die Fragen der sesshaften Ackerbaubäuerin. Ich drifte ja immer weiter ins Nomadengefühl, was nicht nur Ruhe und Zufriedenheit in mir auslöst.

Den Anblick des Vollmondes genieße ich bis zum leeren Glas, also den letzten Tropfen vollmundigen Rotweins und dann Gute Nacht.

Tag 40: Riedholz – Oberstaufen – 20 Kilometer

Nach einem erdbeerroten Sonnenaufgang zieht der Himmel wieder flink zu. Es ist viel Regen für heute angesagt, na Bravo!

Morgenrot – schlecht Wetter droht

Gut verpackt unterm Herrgottsbeton-Dach

Mir wird es etwas unrund, weil es jetzt daran geht, wirklich klug zu entscheiden, was für den letzten und körperlich anspruchsvollsten Abschnitt der Wanderung in den Rucksack soll und darf. Schlafsack oder nur Hüttenschlafsack? Wanderstab oder Bergstöcke? Regencape oder Jacke?

Irgendwann ist alles genug durchdacht, der Rucksack gepackt, das Frühstück verputzt, Vesper gerichtet und der letzte Schluck Kaffee getrunken. Dann heißt es: Aufbruch!

Mit Stab, Regenjacken und Cape, dafür ohne Schlafsack, aber mit Ukulele. In den letzten Tagen hat mir das leise Fürmichspielen neben dem unbelauschten Singen in Kapellen und Kirchen am Wegesrand wirklich viel Freude gemacht.

So kraxle ich am frühen Vormittag bei ordentlich Wasser von oben erneut zum Wasser hinunter. Diese dramatische Wucht des Eistobels zieht mich sofort wieder in seinen Bann. Egal, wenn es regnet, ein Traum. Mehrere Kilometer führt dieser Weg durch die Schlucht, vorbei an bizarren Formationen aus Herrgottsbeton, wirklich unbedingt eine Reise wert.

Ich entdecke blühende Sanikel am Wegrand und denke gleich wieder an Bärbel Bentele, die mich 2018 eben besonders auf diese Pflanze aufmerksam gemacht hat: Das Sanikel, scheinbar unscheinbar, zeigt es sich dem, der es braucht. Danke.

Während der Schluchtpassage bin ich im grenzenlosen Funkloch verschluckt. Das macht aber nichts. Der Eistobel zeigt mir unmissverständlich, wild und wunderbar den Weg. Trotz Regennässe bis auf die Haut und darunter steige ich irgendwann „frohgemut-steht-ihr-gut“ wieder in die „Oberwelt“ hinauf. Da hört es auch schon fast auf zu regnen, fast.
Meine Komoot-App hat sich in der absoluten Netzfreiheit da unten wohl anständig verschluckt. Das merke ich aber erst, als ich doch ein gutes Stück falsch gelaufen bin. Selbst Schuld, Dannheimerin.
Orientierung ist ein vielschichtiges Thema, und ich denke mal wieder recht frei an meinen Lieblingssatz aus dem Pascal Merciers Buch „Nachtzug nach Lissabon“: „Es hängt von so vielem ab, wie gut wir sehen.“

Das Thema „Wasser von oben“ ist für heute jedenfalls passé. Die Sonne kommt sogar heraus und beschenkt mich bis zum Nachmittag mit einem landschaftlich ausgesprochen reizvollen Gang, erneut am Verlauf des Tobels entlang nach Oberstaufen, bilderbuchschön!

Hier lässt es sich leicht glauben, niemals aus Eden vertrieben worden zu sein

Zu Gast im Hause Da(nn)heim

Sogar ein Stück Jakobsweg mit Stempel in der Zeller Kapelle ist mir vergönnt. Noch fünf kleine Felder sind in meinem Ausweis frei, dann ist er voll, bunt und toll!

Ehrlich erschöpft lande ich in Oberstaufen in meiner Pension „Haus Daheim“. Es versteht sich doch sicher von selbst, dass ich die Unterkunft hier nur des Namens wegen ausgewählt habe.

Das Konstrukt ist ganz lustig. Früher war das wohl ein eigenständig bewirtschaftetes Gästehaus – siehe Hausansicht. Herrn Schrots Kuren wurden hier verabreicht. Später lese ich, dass Schrot ähnlich wie Kneipp ein selbsternannter Heilkundiger war, dessen Ideen und Therapien zumindest eine Zeitlang großen Anklang fanden. Wie dem auch sei, irgendwann hatte es sich im Hause Daheim ausgeschrotet, und seither gehört der Betrieb quasi als Außenstelle zum Hotel Adler.

Der Blick aus meinem Fenster ist wirklich formidabel, ich überlege sogar kurz, ob ich morgen – an meinem freien Tag – die Gästekarte für Schwimmbadbesuch und oder Seilbahnfahrt benutzen sollte.

Dann beschließe ich den Tag in einem netten italienischen Lokal und bekomme wegen des vollen Betriebs sogar noch einen Tischnachbarn. Wieder so ein unverhofftes, ungeplantes und unterhaltsames Gespräch. Diesmal mit einem Motorradfahrer, der die letzten Tage zwischen Südtirol und Allgäu dem Regen davongeflitzt ist. Wer von uns beiden hier warum allein sitzt, woher und wohin wir unterwegs sind, all das wird unverbindlich ausgetauscht.
Pizza gegessen und Weinglas leer, dann trennen sich die Wege wieder.

Tag 41: Pausentag in Oberstaufen

Ich schaue zum Fenster hinaus, der Himmel ist bedeckt. Wie in den letzten Tagen so oft.
Heute ist also wieder ein Pausentag, und Oberstaufen im Allgäu ist nun wirklich alles andere als ein blöder Ort, um für einen Tag die Waderln und die Seele ein wenig baumeln zu lassen.

Ab morgen geht es für mich dann mit spontanen Abweichungen auf den Maximiliansweg, diesen Abschnitt des E4 (Europäischer Fernwanderweg Nummer 4), der nach dem Bayrischen König benannt wurde, der hier einst die Ausmaße seines schönen Landes bereiste, bewunderte und sich dessen versicherte.
Wenn ich auf meiner Karte schaue, welcher Weg da vor mir liegt und vor allem, wie viel Weg da schon hinter mir liegt, überkommen mich heute, an einem etwas trüben Tag, durchaus gemischte Gefühle. Fragen tauchen auf, wie: Wofür mache ich das eigentlich? Machen das meine Haxen noch mit? Was soll denn dabei rauskommen? Wie soll es danach weitergehen?

Wie schon erwähnt, oder sagen wir es musikalisch: angespielt, stehen heute ein paar Sinnfragen an. Die lassen sich über den Tag auch nicht so richtig aufheitern, obwohl der Himmel trocken bleibt. Dafür soll es dann ab morgen, wenn es für mich wieder weitergeht, für drei Tage nochmals richtig schäbig werden, was das Wetter betrifft.
Das innere Fräulein Marzipan muckt auf und fragt, ob wir morgen nicht einfach direkt in den Zug an den Schliersee steigen können. Aber die Franzi zollt ihrem Tournamen dann ein wenig trotzig Tribut und bucht per Telefon und Internet alle kommenden Etappenübernachtungen fix und fertig.
Jawoll, da muss es jetzt durch, das Fräulein Marzipan.
„Priorität und Position“, das war das Thema im letzten oder vorletzten Kapitel. Heute ist der bestimmende Unterton, die Herausforderung – und da bleiben wir gern musikalisch – die parallele Molltonart auszuhalten, in der tiefen Gewissheit, dass schon bald das strahlende Dur wieder ertönt.

So gibt es als Soforthilfemaßnahme am Mittag einen sehr guten Cappuccino im Blauen Haus nebenan. Die beiden Kellner geben sich arg große Mühe, charmante Italianitá zu verbreiten, trotzdem schön.

Ist meine Melancholie nun blau oder doch violett?

Danach wird wieder geschrieben, und der Tag vergeht denn auch recht unspektakulär und vor allem OHNE Schwimmbadbesuch oder Seilbahngondelei. Ich bin ja aber auch nicht zum Spaß hier im schönen Oberstaufen, vor allem nicht zum Urlaub.
Ich pausiere auf meiner Pilgerreise, jawoll – denke an Bruder Dirk im Kloster Beyenburg, der mir diese Pausentage prophezeit oder ans Herz gelegt hat. Alles, wirklich alles gehört zur Medizin, gell?

Nahezu von Medizinalwirkung sind denn am Abend im Gasthof Adler die Maultaschen mit dem Glas „Haberschlachter Heuchelberg". Da freut sich das Schwobamädle und muss dennoch ein paar mal üben, bevor die Bestellung dieses köstlichen Württemberger Rotweins stotterfrei aufgeben werden kann, bereits VOR dem alkoholischen Genuss, wohlgemerkt.
Zum Abend habe ich die guten Lederstiefel für morgen präpariert, soll heißen, eine Extra-Ladung Wachs eingerieben. Wenn ich es recht bedenke, haben meine Stiefel in den letzten Wochen mehr kosmetische Zuwendung erfahren als mein Gesicht. Ich sag doch: Priorität und Position.

Penible Stiefel-Kosmetik

Wohl an denn, morgen beginnen die letzten elf Tagesetappen plus zwei Pausentage. Da will die Dannheimerin fein ausgeschlafen sein.

Gut's Nächtle – a ledschd Mol uff schwäbisch, ab morga goht's nach Bavaria!

Oberstaufen – Füssen/Kenzenhütte

Ab jetzt gehe ich auf dem Maximiliansweg, der in der Komoot-App schlicht mit MAX markiert ist. Benannt nach König Maximilian von Bayern, der sein Land und dessen Schönheit einmal gänzlich bereisen wollte, um Land und Leute näher kennenzulernen. Sportlich war er wohl, der gute Maximilian. Außerdem war er der Vater des exaltierten und denkwürdigen Ludwig II, dem Märchenkönig. So möchte ich diesem Kapitel ein Zitat von Ludwig voranstellen, dem ich eigentlich nichts weiter hinzuzufügen habe:
„Ich kann nicht leben in dem Hauch der Grüfte, mein Atem ist die Freiheit. Wie die Alpenrose bleicht und verkümmert in der Sumpfluft, so ist für mich kein Leben, als im Licht der Sonne, in dem Balsamstrom der Lüfte. Lange in der Stadt zu sein, wäre mein Tod."
Danke Ludwig. Dennoch und gerade deswegen, wohlan denn.

Tag 42: Oberstaufen – Sonthofen – Unterjoch – 21 Kilometer + Zug

Im Zeichen des Regens. Das könnte wirklich die Überschrift sein. So liege ich im sehr frühen Morgengrauen in Oberstaufen in meinem Bett im Hause Daheim. Es regnet in Strömen und ich bekomme leichtes Muffensausen, ob ich dem, was da jetzt kommt, gewachsen bin, und ob ich das schaffe. Starker Nebel quillt von den Bergen herunter und legt sich besänftigend ins Tal. „Die Hasenmutter kocht" heißt es.

Trübe Aussichten zum Aufbruch

Beim Frühstück im Haupthaus Hotel Adler erfahre ich aus der „Adlerpost" auf meinem Tisch, dass heute Namenstag des Johannes ist und denke daran, dass ich zu Johanni, also am 24. Juni, aufgebrochen bin.

Johannes ist derjenige der vier Evangelisten, der mich am stärksten anspricht. Seine Darstellungen in den Kirchen locken mich, ist sein Symbol doch der Adler – und damit sitze ich wieder real in meinem Hotelfrühstücksraum des Hotels mit eben dem Symbolnamen.

Außerdem steht im „Adlerblättle", dass zum Nachmittag Gewitter erwartet wird. Herrjemine, das ist ja genau NICHT mein Ding. Also versuche ich mich motivationsmäßig in Adlerhöhen zu erheben, um das Gewitter einfach zu überfliegen.

Den ersten Abschnitt meines heutigen Weges in Richtung Sonthofen lege ich mit der Bahn zurück. Will spontan anheben zu „Uff de schwäb'sche Eisebahna", bin mir aber nicht sicher, in welcher Region ich gerade bin. Dieses Allgäu ist wirklich ein verblüffendes Zwitter-Gebiet zwischen Schwaben und Bayern.

Vor der Abfahrt lege ich an der Bahnübergangsschranke zwei ausgewählte Steine aus meiner bisherigen kleinen Reisesammlung ab. Den einen bitte ich, alles schlechte Wetter zurückzubehalten und den anderen alle körperlichen Einschränkungen. Die zehn Kilo auf meinem Rücken äußern sich inzwischen ab und an durch kleines Ziepen in der rechten Schulter und leises Zwicken in der linken Hüfte. Also, ihr lieben Steine, bitte behaltet Regen und Schmerz am Bahnübergang und lasst mich fröhlich weiterziehen.

Sonthofen ist dann zu Fuß recht schnell durchquert und hoch aufwärts geht es auf dem Asphaltweg mit herrlichem Fernblick und OHNE Regen oder Gelenk-Autsch … bisher … ich will mich ja nicht zu früh freuen.

Über der Iller wurd's Fränzchen stiller

Beim Überqueren der Iller kommt mir ein Gedankenspiel in den Sinn, das in den folgenden Tagen heranreift. Das „Was wäre wenn"-Spiel.
Was wäre, wenn ich genau die bin, die sich auf der Hochweide nicht vor Kühen fürchtet?
Ich habe vor Jahren mit dem Hund eine Herden-Attacke überstehen dürfen, das macht keinen Spaß und sitzt tief – aber heuer bin ich ja ohne Hund unterwegs.

Was wäre, wenn ich genau die bin, die sich nicht vor Gewitter am Berg fürchtet? Ich bin bei meiner Alpenüberquerung „Franzalpina" 2019 in ein starkes Berggewitter geraten, kauerte gefühlt ewig flach am Boden, Stirn auf den Händen im Matsch, bis es endlich vorbeigezogen war. Auch das sitzt tief.
Wie würde es sich also anfühlen, wenn ich fortan selbstbewusst und unerschüt-

terlich, im wahrsten Sinne „aufrichtig“ durch die Welt gehe? Ich versuche, mir das bis ins kleinste Detail von Körperhaltung, Reaktionsmuster und Betrachtungsweise vorzustellen, und das tut sehr, sehr gut. Aufrichtig sein, das kommt in den Vordergrund. Sich nicht mehr in die Zwischenräume verbiegen.

Steil geht es jetzt durch einen Fichten-Wurzel-Wald hinauf, an einer Schlucht vorbei. Die Schönheit der Natur rührt mich wieder einmal zu Tränen, und ich frage mich: Kommt „Schlucht“ von „Schluchzen“?
Bevor ich tiefer einsteigen kann, kommt mir ein Wanderpaar entgegen. Wieder die Beobachtung: Sie: fasziniert und angetan von meinem Weg. Er: will mir genauer erklären, wie weit ich auf der heutigen Strecke bin. Er kann es nicht kommentarlos und pseudohinterfragt durchgehen lassen, dass ich dank meiner Komoot-App sehr genau weiß, wie weit ich auf dieser Strecke bin und wo ich mich befinde. Nun denn, ums Rechthaben geht es auf diesem Weg schon lange nicht mehr. Ich grüße freundlich und gehe weiter. Immer noch ohne Regen.

Da eröffnet sich mir plötzlich ein besonders ergreifender Blick ins weite Tal und regt mich zum „Lied des Tages“ an, dem Erzherzog-Johann-Jodler. Lauthals und herrlich befreiend.

Entspannt spaziere ich, das Was-wäre-wenn-Mantra zitierend, an Kühen vorbei und überquere ein weites, sehr feuchtes Hochmoor auf schmalem Bretterpfad. Von einer, die auszog, das Fürchten zu verlieren.

Mir gehen meine bisher gesammelten Lieder durch den Kopf.
Ich freue mich aufrichtig, diesen musikalischen Reisebericht nach meiner Ankunft und Rückkehr direkt in der Essener Veranstaltungs-Reihe „Kunstbaden“ vorstellen zu dürfen und frage mich gerade, wie ich aus all den schönen Liedern wählen soll. Da kommt mir die Idee mit dem „Lieder Lotto“. Jawoll, ich werde eine quasi Lotto-Fee oder einen Lotto-Foo auswählen, der dann per Los das entsprechende Lied nebst dazugehörender Wanderepisode wählt. Hach, das wird schön.

Hochmoor und Matsch – spaßige Kombi – mit Stab auf Steg

Noch schöner wird es jetzt und genau hier, am Tiefenbacher Eck. Ich bleibe am Berg, lasse wegen wirklich stark vermatschtem Boden und entsprechender Rutschigkeit den Gipfel mit Namen „Spieser“ weg – Nomen est manchmal vielleicht Omen.

In den folgenden vier Kilometern darf ich mein „persönliches Wacken“ dieser Tage durchschreiten: Bis weit über die Knöchel sinke ich stellenweise ein. Zum Glück habe ich einen Stab, mit dem ich mich von Trockenscholle zu Trockenscholle schwingen kann. Ja, sie hält viel aus, meine gute Kirsche. Von oben bleibt es weiterhin trocken, will ich nur kurz erwähnen. Schulter fein, Hüfte nicht zu spüren, auch das nur am Rande.

Beim weiteren Abstieg kreuze ich immer wieder den Weg eines Vaters mit seinen beiden Söhnen. Kurze Grußwechsel, mehr nicht. Doch wie es diese besonderen Berg-Regeln so wollen, treffen wir uns am Zielort, in Unterjoch, vor derselben Unterkunft, dem herrlich blumengeschmückten „Haus Irene“ wieder.
Eine echte Perle, das Haus und vor allem die gleichnamige Chefin des Hauses, Frau Irene.
Mit klarer Ansage in entzückendem Kölsch, nimmt sie uns die Wanderstöcke direkt an der Haustür ab und lotst uns ums Haus, hinunter in den Keller, Matsche-Sperrgebiet. Alle Abläufe sind längst erprobt, sinnvoll und aufs Beste vorbereitet.

Spieglein, Spieglein, ist's ein Joch? Die ausgesuchte Dekoration in Unterjoch

So liege ich 20 Minuten später frisch geduscht in meinem Einzelzimmer. Frau Irene kocht sogar noch für uns vier Wandersleut, weil es im Ort sonst nichts mehr gibt. Alle guten Eindrücke, die ich schon beim ersten Buchungs-Telefonat mit Frau Irene hatte, die vor 53 Jahren aus Köln auszog, um das Allgäu und den einen Allgäuer besonders lieben zu lernen, werden übertroffen. Im Haus Irene fühle ich mich sicher aufgehoben und herzlich umsorgt, vielleicht liegt es auch daran, dass mich die Original Siebziger-Einrichtung an meine heiteren Kindertage erinnert.

Im Gästeraum werde ich von den anderen Gästen bereits erwartet, mein Ruf ist mir wohl schon vorausgeeilt: „Da kommt die Frau, die so lange läuft!“ Genau die.

Lange geht das nette Gästeplaudern für mich nicht. Die heutige Tour war für meiner eine sehr anspruchsvoll, viel steil hinauf, viel steil hinab. Über Stock und Stein und noch mehr Matsch.
Aber: ohne Regen, ohne Schulterpieks und ohne Hüftautsch. Danke, ihr zwei Steine am Bahnübergang in Oberstaufen, ihr habt ganze Arbeit geleistet.

Tag 43: Unterjoch – Pfronten – 14 Kilometer

Unter dem Sorgenschrofen, dem Unterjocher Hausberg, bin ich also sehr sorgenfrei aufgewacht. Erfahre beim Frühstück von Frau Irene und ihrem Mann, der einst eine beeindruckende Skifahrerkarriere hingelegt hat, wie ich an den Auszeichnungen im Treppenhaus ablesen kann, einiges zu Land und Wetter. Befinden wir uns hier doch im Wechselgebiet. Direkt nebenan ist der österreichische Rucksack Jungholz.

Ich beschließe, noch ein Stündchen zu trödeln, da dann die Chancen steigen, eine Regenpause zum Aufbruch zu erwischen. Ja, heute ist es wieder nass, egal. Ich packe meine Ukulele aus und zupf-summe mich durch mein bisheriges Reiselied-Repertoire. Handschriftlich notiert und in einer Mappe versammelt, wieder mehr Gewicht in meinem Rucksack, aber eben auch mehr Spaß.

Weiter geht mein „Was wäre wenn“-Spiel. Was wäre, wenn ich genau die bin, die jetzt unter dem Regen wächst und gedeiht?
Ungezwungen und gut gelaunt führt mich der Weg an die Vils, die in diesen Tagen wegen der starken Regenfälle wirklich ein tosender Strom ist. Was für Kräfte hier wirken! Manchen Gedanken, manches Gefühl reißen die Wasser einfach mit sich. Was wäre, wenn ich genau die bin, die dem Wasser jetzt die letzten Sorgen und Zweifel mitgibt?

Aufbruch in kompletter Montur mit Mülltüten-Hutschutz und Frau Irenes Reisesegen

Auf geht's ins Tannheimer Tal

Vielleicht hab ich es ja auch über die letzte Nacht in den Sorgenschroben hinaufgeträumt. In jedem Fall gelange ich fröhlich Lieder singend und von mir selbst unbemerkt nach Österreich, und laufe durchs Tannheimer Tal. Der Name verpflichtet.

Durch schwachen Regen und saftige Landschaft geht es immer weiter an der sprudelnden Vils entlang, bis ich irgendwann in Pfronten einlaufe, meinem heutigen Tagesziel. Die Etappe war wegen zu erwartendem Muskelkater bewusst nicht so lange und anspruchsvoll gewählt. Aber nichts dergleichen: Muskeln – geschmeidig, Schulter und Hüfte – tippitoppi.

Frau Irene geht mir nicht aus dem Sinn. Ihr über 53 Jahre im Allgäu bewahrter Kölscher Dialekt und ihre dazugehörende Lebensbereitschaft – unerschütterlich, pragmatisch, heiter – wirken in mir nach: Wenn ich mit 83 Jahren noch so froh durch die Gegend hüpfen darf … was wäre, wenn ich genau die bin?

Ich komme an meine heutige Pension mit dem vielversprechenden Namen „Freiheit“.
Wie inzwischen viele Unterkünfte bietet sie keine besetzte Rezeption, dafür ein digital zu bedienendes Türschloss. Erfreut stelle ich fest, dass mich diese Herausforderung heute nicht beunruhigt, im Gegenteil. Nach einem kleinen, vertippten Fehlversuch bin ich drin, hurra.

Beim Blick in den Badezimmerspiegel fällt mir auf, dass der Weg und das Wetter, die Sonne und die Gedanken sich weiter durch meine Gesichtsfarbe gefressen haben. Inzwischen sind es keine Vitiligo-Flecken mehr. Die gebräunte Haut hat es zu kleinen Pünktchen zerfetzt. Sommersprossen rückwärts. Hey, Pipi Franztrumpf, die macht, was ihr gefällt. Genau so!

So mache ich mich auf der Suche nach einem Abendessen auf in den Ort und lande im Brauhaus. Lautstarker Rummelbertrieb. Ich bekomme ein vorletztes Plätzchen am Tresen zugewiesen und das ist mein Glücksplatz. Neben mir sitzt Siegfried.
Ich erfahre erst später im Verlauf unseres Gespräches, dass er Siegfried heißt,

Brauerei-Gedicht, sehr süffig. Deswegen wurden es auch zwei

dass er seit 80 Jahren Ski fährt, nächstes Jahr wieder an der Marmolata. Dass er morgen, wenn es trocken ist, Holz machen wird. Wenn es aber regnet, geht er ins Fitnessstudio. Was für ein klarer Geist.
Allgäuer Urgestein, bestens geformt von Berg, Wind und Wetter.
Das sind die Geschenke des Weges – neben den herrlichen Landschaftsansichten: die Gespräche mit den Menschen übers Leben, über die Gegend – könnte sagen: über Gott und die Welt.

Von Siegfried erfahre ich, dass meine Pension Freiheit früher DER Gasthof für Fischgerichte am Ort war. Klar, direkt an der Vils gelegen. Ich stelle mir vor, dass dort früher am Eingang in den Biergarten ein riesiges Aquarium stand, in dem sich die zum Verzehr angebotenen Forellen tummelten. Ich glaube, das gibt es heute nicht mehr. Heute heißt es hier ja auch Freiheit.

Frei und fröhlich gehe, besser hüpfe ich nach dem Genuss von sogar zwei Bier in die freiheitliche Bettstatt, lasse den Tag, die Tour, das Leben Revue passieren. Sechs Wochen bin ich unterwegs und heute bei mir angekommen. Höre meine innere Stimme wieder: die mich lobt, die mich warnt, die mich liebt. Ich laufe beherzt mit Mülltüte auf dem Kopf durch die verregnete Welt und es ist mir egal, was alle anderen sagen – endlich.

Tag 44: Pfronten – Füssen – 18 Kilometer

Der Wetterbericht für heute ist – gelinde gesagt – miserabel. Nicht nur Starkregen, sondern auch starke Windböen. Ich sitze in meinem Freiheits-Frühstücksraum und beschließe, zurück im Kämmerlein ein wenig Musizier-Trödelei zu betreiben, auf dass sich der Regen-Radar vielleicht doch noch beschwichtigen lässt. Kurz versuche ich, vor meinem inneren Auge hier den Gastraum der ehemaligen Fischwirtschaft aufleben zu lassen. Schade, dass ich nicht herausfinden kann, wie der Gasthof einst hieß. Siegfried kann ich heute nicht mehr fragen.

Ich breche irgendwann auf und beschließe, meine Strecke etwas zu ändern, keine Höhen heute wegen des Sturmes, sondern schön „en bas“ an der Vils entlang. Schön ist es hier wirklich, ich gerate für ein kleines Stückchen sogar in einen

Im Gegenlicht der ab und an durchscheinenden Sonne wird mir sogar fast ein Heiligenschein zuteil

Alpaka-Konvoi. Die kuschelweichen Tiere werden von Kindern und deren Familien am weitläufigen Uferweg entlang geführt.
Es regnet viel und der Wind bläst zum Teil wirklich arg. Mein Cape flattert im Wind, die Plastiktüte auf meinem Hut sammelt ergiebige Pfützen, die sich dann unkontrolliert in meinen Nacken ergießen. Hauptsache, Opas Hut bleibt heile.

Zwei Tage lang hat die wilde Vils mich nun entlang des Weges begleitet, geleitet und mit die Seele frei gespült. Ich komme an einem Schild vorbei, das einen hier angelegten Keltischen Baumkreis ankündigt und beschreibt. Trotz Regen gönne ich mir den gesamten Rundgang und finde es wunderbar, dass dieser, laut Erklärschild, auf Initiative eines Lehrers mit seiner Klasse entstanden ist.

Die extremen Wetterbedingungen „Starkregen und Sturm" sind nicht nur ohren-, sondern auch sonst betäubend. Meine Wahrnehmung ist gleichzeitig Außen und Innen. Ein neues Motivationsgedicht quillt da aus meinen Tiefen – mehr noch, es wird ein Gebet.
Irgendwann stelle ich fest, dass ich hier, immer schön an der Vils entlang, recht lange auf österreichischem Boden gewandelt bin.

Grenzgebiete – grenzwertig

Bald wird das Rauschen zu meiner Rechten immer heftiger. Es ist der Lech, der durch den Regen der letzten Tage wahrlich als donnernden Strom durch die Schlucht schießt. Lech mich am A.
Auf einer Stele lese ich, dass dies hier eine denkwürdige Brücke ist, die zur Via Claudia Augusta gehört, also schon von den alten Römern genutzt wurde, wenn sie von Italien den wichtigen Handelsweg nach Augsburg nahmen. Vorher noch die Kelten, jetzt die Römer, ich bin mal gespannt, was mir in Füssen blüht.

Auf dem letzten Waldstück sehe ich einen schwarz glänzenden Salamander. Wie passend, diesen nassen Tag von einem so besonderen Tier begleitet zu wissen. Sieht aus, wie ein kleiner Dinosaurier aus Urzeiten. Kelten und Römer, da könnt ihr einpacken!

Kann der Drache Feuer spucken?

Füssen selbst will irgendwie nicht mein Ort werden. Das liegt sicher am Regen, und da kann das arme Füssen nun wirklich nichts dafür. Ich bin von Wind und Wetter einfach durch und sehne mich nach heißer Dusche und Nachmittagsruhe – es ist 15 Uhr.

Old Kings Hostel – Checkin digital – Style international

Natürlich wird man hier an jeder Ecke an den Märchenkönig und seinen Vater Max erinnert, die mit ihren umliegenden Schlössern für ungebrochene Touristenströme sorgen.

Vor allem im asiatischen Raum scheint die Architektur Neuschwansteins für ein ganzes Weltbild zu stehen. Zwei meiner insgesamt sieben Zimmernachbarinnen und dem einen Nachbarn sind wohl extra für den Schlossbesuch aus dem fernen Osten angereist. Wirklich entzückend, wie sie sich allein schon durch ihre Kleiderwahl auf das für morgen geplante Ereignis vorbereitet haben.

Ich liege also recht bald frisch und warm geduscht in meinem Bett und erwäge ernsthaft, den Tag als solches und ganz im Zeichen der Katharsis zu beenden. Aber dann fällt mir wieder ein, dass ich dieses Hostel wegen der Adresse gewählt habe: Franziskanergasse.
Also los geht‘s, Franzi. In dem Büchlein über den Heiligen Franz lese ich fast jeden Abend. Eine weitere Wendung dieser Reise, die so sicher nicht geplant war. Franz und Franzi.

Das Franziskanerkloster will gefunden werden. Auf dem Weg singe ich in der Feldkirche St. Ulrich und Afra, dann in der Krippkirche St. Nikolaus und schließlich habe ich sogar Glück und habe die große prächtige St. Stephans-Kirche des

Man beachte bitte das Vöglein auf Franzens rechter Schulter

Franziskanerklosters ganz für mich allein. Den fünf Heiligen sei Dank. Ich singe. Schreibe mich sogar ins ausgelegte Gästebuch hinein, mit einer Bitte, die die Brüder wohl im nächsten Gottesdienst mit aufnehmen wollen, so steht es zumindest geschrieben. Egal, allein die Tatsache, dass ich mir und meinen Hirnwindungen die Mühe mache, den Wunsch klar zu erfassen und niederzuschreiben, bewirkt Klarheit. Die große Kraft des Schreibens, das ist sie.

Auf dem Heimweg gibt es im Schloss-Innenhof ein reizendes Konzert der Füssener Blaskapelle bei kurzem Abendsonnenschein. Im Anschluss noch eine heiße Schokolade im Café. Passt alles.

So komme ich wohlgemut zurück in meine Alte-Könige-Butze und gerate im Aufenthaltsraum noch ausgiebig ins Gespräch mit Uli, einer Jakobsweg-versierten Wanderin. Nett, wie bunt das Trüppchen in unserem Schlafraum ist: zwei asiatische Ludwigs-Prinzessinnen, eine Wandersfrau, ein Paraglider, wer noch? Die andere Wandersfrau fällt müde und zufrieden ins Bett.
Mein Stockbett ist unten, zum Glück.

Tag 45: Füssen – Schwangau – Tegelberghaus – Kenzenhütte – 16 Kilometer + Bus

Richtiges Frühstück gibt es im Hostel nicht, aber Kaffee und Toast. Den Kaffee mache ich mir, als ich schon recht früh aufwache, leise aus dem Schlafraum schleiche und im Aufenthaltsraum bei einer ersten Schreibrunde meine Erlebnisse und Gedanken sortiere. Das „Was wäre wenn-Spiel“ hat sich zum Lied ausgewachsen, und ich kann wirklich nicht sagen, warum, es ist ein englischer Text geworden – vielleicht wegen den „Old Kings“? Egal.
Die Melodie ist noch nicht so weit, aber der Text lässt sich schon gut und motivierend sprechen. Nach einer zweiten Tasse Kaffee mit Uli und weiteren Gesprächsthemen breche ich auf.

Uli sagt, heute wird das Wetter gut. Meine App und mein Blick zum Himmel sagen: Da kommt noch was. Ich gönne mir ohnehin die Strecke von Füssen nach Schwangau mit dem Bus, da kann sich das Wetter noch ein paar Kilometer weit überlegen, wohin es seine Regenwolken verschieben möchte.

In Schwangau habe oder hätte ich nun die Möglichkeit die Schlösser zu besichtigen, aber mir ist so überhaupt nicht nach Menschentrubel.

Ich persönlich finde es ja fraglich, wie man dieser gewaltigen Schönheit der Natur hier noch unbedingt eines draufsetzen wollte – im wahrsten Sinn des Wortes. Dass die Pöllat-Schlucht direkt unterhalb von Neuschwanstein gesperrt ist und bis auf Weiteres bleiben wird, spricht für sich.
Hier droht Steinschlag von immensem Ausmaß, an den sich keiner dran traut, weder hydraulisch noch pyrotechnisch. Wer wollte schon Schuld daran sein, wenn plötzlich das ganze Schloss hinterherpurzelt, womöglich mitsamt den entzückenden Ludwigs-Prinzessinnen.

Habe ich es schon erwähnt, dass ich es liebe, allein zuwandern? Dadurch komme ich nämlich mit den Waldarbeitern, den Seilbahn-Gondelieres, den Frühstücks-Servicekräften und Tresen-Siegfrieds ins Gespräch und erfahre soviel mehr über Land und Leute, als in jedem Reiseführer stehen könnte.

Ich suche den weitläufigsten Weg um den ganzen Disney-Zirkus herum und belohne mich noch dazu mit einer Seilbahnfahrt auf den Tegelberg. Erster Regen. Aber das hat der Paraglider heute morgen im Old Kings in Füssen schon genau so angekündigt, weswegen hier heute auch keiner startet. Der Seilbahn-Gondoliere versucht noch einen Funken Hoffnung auf trockenen Weg zu versprühen.

Im Tegelberg-Haus eingekehrt, ergießt sich der Himmel über dieser hochromantischen Bergzauber-Idylle. Schnell erfahre ich, dass die Realität anders aussieht. Bettwanzen. Bitte hinter vorgehaltener Hand. Bettwanzen sind derzeit die Geisel der Berghütten. Im Gespräch meine ich, ein paar begrabene Träume und argen Frust zwischen den Worten meines Gegenübers herauszuhören.

Servus Kini im Tegelberghaus

Nach Milchkaffee und Butterbrezel darf ich mit Blick aus dem Fenster einer weiteren Realität ins Auge sehen: Wetter. „Vo vorne druckt's und vo hinten staut's. Des werd heut nix“, sagt der Hüttenwirt und setzt hinterher: „Aber du hast gute Wettersachen, lauf los.“

Erhabene Heimat von Kini und Steinbock

Diese erhabenen Könige der Berge scheinen zu wissen, dass ihnen kein Jäger auflauert, dass sie den Menschen nicht zu fürchten brauchen. In aller Seelenruhe laufen die vier grasend ein Stück parallel den Hang entlang mit mir mit. Ich kann ihnen auf die geringe Entfernung sogar in die Augen schauen, und ehrlich: Für mich gibt es keinen magischeren Augenblick als den eines Steinbocks.

Was mir gestern im Regen am Fluss der schwarze Salamander war, sind mir heute die Steinböcke. Schon zu dem Zeitpunkt ist klar: Der Tag, der Weg und „wer auch immer“ meinen es gut mit mir.

Ich entscheide mich gegen einen Gipfel, denn es stürmt auch heute noch gewaltig, und freue mich auf eine angeblich „entspanntere Regenvariante“ über die Platte. Dieses Wort „entspannter“ bedürfte meiner Meinung nach einen klareren Definition.
Als ich nach Stunden, zwei Starkregengüssen am steilen, zum Teil vom Regen heruntergewaschenen Hang, an überspülten Holzstegen entlang und durch steilste Stufentritte im Tal auf dem weiterführenden Forstweg ankomme, brennen die Oberschenkel. Im Hirn ist es leer. Keine Kapazität für Stress-Empfinden mehr. Kein Aufbegehren, keine Auflehnung, der Regen hat es mir wohl aus den Knochen gespült. Ja, ich werde durchlässiger von Woche zu Woche, von Regenguss zu Regenguss.

Wie aus einer anderen Welt taucht eine fünfköpfige Familie, wie ich später erfahre, aus Dresden, mit drei mitteljungen Kindern aus dem Nichts auf. Sie, die Mutter, wollte der Familie ihre früh erfahrene Liebe zu den Bergen näher bringen. Er, der Vater, ist entweder nicht schwindelfrei oder hat Probleme mit den Haxen. Die Kinder haben Turnschühchen an. Gemeinsam haben sie sich verlaufen, gründlich. Der anvisierte „Familienweg" war wohl irgendwo anders. Die Mutter mault etwas von schlechten Markierungen. Ich staune nur still, dass sie es überhaupt bis hierher geschafft haben.
Fazit: Auch andere kommen mal vom Weg ab, UND: Vielleicht mache ich mir zu viele Gedanken. Andere sind leichtfertiger, leichtsinniger.

Für mich wird es schnell leichtherzlicher, alle Mühen werden durch die Schönheit dieser Gegend aber sowas von wettgemacht. Ich verstehe den König Max und seinen Sohn, den Ludwig, so gut, dass sie ihre Schlösser genau hier in dieser Gegend bauen wollten.

Auf dem Forstweg geht es für mich also weiter. Durch einen märchenhaft schönen Wald mit beeindruckend von Wind und Wetter geformten Ahornbäumen. Wie Tänzerinnen haben sie Schnee und Wetter über Jahrzehnte getrotzt.

Ja, ich gebe es unumwunden zu, heute habe ich meine körperlichen Grenzen erahnen dürfen.
Später als gedacht komme ich glücklich, aber geschafft an der Kenzenhütte an. Zu Recht viel gerühmt. Seit 2020 von einer (anderen) Franzi und ihrem Team geführt. In perfekt vorbereitetem und den Gegebenheiten der kleinen Hütten angepasstem Prozedere werde ich aufgenommen und untergebracht. Zehn Minuten später ist auch schon Abendessenszeit. Perfektes Timing.

Die Hütte ist voll, ich verräume meine nassen Sachen im überquellenden Trockenraum.

Manch hohler Stamm gewährt besonderen Durchblick

Stockbett-Doppel rechts oben – für mich ganz allein

Kurze Überraschung: Es gibt hier auf der Hütte keinen Internet- oder sonstigen Netz-Empfang. Kurz denke ich: Ja, wie will ich denn dann heute Abend posten? Wie will ich morgen den Blog schreiben? Und am allerwichtigsten: Wie kann ich meinen Liebsten mitteilen, dass ich nicht etwa bei Sturm und Regen in eine Felsspalte gerutscht bin, sondern leckeres Radler gänzlich offline genieße? Die Hüttenwirtin hat Verständnis, und ein kurzes Festanschluss-Telefonat sorgt für familiäre Aufklärung und Beruhigung.

Dann geht es ans sehr großzügig bemessene Abendessen der Halbpensionisten. Auch hier: ein bemerkenswert gut vorbereitetes und funktionierendes System. Und nett sind sie alle obendrein. Eine freundliche Familie aus Heidelberg nebst vorbildlich friedlichem Hund sind meine Tischnachbarn, die nach dem Essen noch die Wissensspiele-Runde eröffnen. Ich bin durch und schaffe es mit vollem Magen und glänzendem Bauchnabel gerade noch, draußen ein paar Takte meiner Lieder zu spielen.

Dann bin ich die erste, die ins Schlaflagerstockbett krabbelt. Und vor dem Fenster rauscht der Wasserfall.
Deutlich nach mir kommt eine Gruppe mit vielen kleinen bis mittleren Kindern, die vom Abenteuer „Hütten-Übernachtung“ natürlich völlig überdreht quietschen und kaspern. Sowohl gute Kinderstube als auch Bergluft und – Zack! – noch vor 22 Uhr ist absolute Ruhe im Karton. Faszinierend.
Bleibt noch zu erwähnen: Kalt ist‘s. Ich habe heute am Berg den ersten Graupelschnee gesehen, der Gipfel war für eine Stunde weiß gezuckert, und in 19 Wochen ist Weihnachten, noch Fragen?

Tag 46: Pausentag auf der Kenzenhütte

Es war kalt in der Nacht, wirklich kalt. Auch wenn der Graupelschnee von gestern natürlich nicht liegen geblieben ist, riecht man hier den Herbst und spürt ihn schon.
So ist es immer in den Bergen: Irgendwann in den ersten Augusttagen kippt es. Es wechselt das Licht und die raue Morgenkälte singt ein Lied vom nahenden Herbst.

Zurück im Matratzenlager: Die ersten Wecker klingeln leise in den Nachbarbetten. Menschen krabbeln aus ihren Hüttenschlafsäcken und kriechen hinaus. Ich lasse mir Zeit. Habe heute ja Pausentag.

Am Frühstückstisch angekommen, erfahre ich von der netten, behundeten Familie – natürlich nur zur Vervollständigung meines Blogartikels – dass der Vater gestern Abend das Wissensspiel gewonnen hat. Ich gratuliere nachträglich von Herzen.

Wieder ist es eine faszinierende Logistik und Sauberkeit, die diesen supervollen Hüttenbetrieb wie in einer fein abgestimmten Choreografie vonstattengehen lässt. Ein Hoch auf Franzi und ihr Team!

Zwei Franzis. Eine davon ist die coolste Hüttenwirtin ever

Bis ich dann vor lauter stiller Bewunderung endlich meine dritte Tasse Kaffee zum Schreibzeug geholt habe, bin ich auch schon fast die letzte im Hüttenraum.

Alle anderen sind nun entweder abgereist, weitergewandert oder auf Erkundungsrunde, bis auf eine Handvoll kleine bis mittlere Kinder nebst ihren beiden Müttern. Fasziniert und interessiert beobachten sie nun, wie ich meine letzten gesammelten Kräuter zum Buschen dazu wickle.

Mein Wander-Kräuterbuschen 2023

Er duftet wirklich wunderbar. Freudig beantworte ich die Fragen der kleinen Schar zu meinen Blumenschwestern und ihren heilsamen oder giftigen Besonderheiten. Denke an Schumanns Dichterliebe und das Lied „Am leuchtenden Sommermorgen“. Heine hat das mit den Blumenschwestern schon ganz recht beschrieben. Kommt auch in mein Reise-Liederbuch.

Kräuter habe ich also gesammelt, wie zu Beginn der Reise mal ausgedacht, nicht nur in Fotos, jetzt auch im Buschen. Die Zweizeiler-Merkreime werde ich zu einem späteren Zeitpunkt vielleicht einmal schreiben und oder vertonen. Vielleicht gibt es sogar mal ein Bilder-Gedichte-Memory? Ach, es gibt so viele Ideen!

Draußen scheint die Sonne. Wunderbares Seelenhell. Wie anders wirkt diese bezaubernde Bergwelt heute. Ich bleibe aber in der guten Stube und schreibe. Offline. Schreibe, um mir weiterhin die Richtschnur zu reichen und zu halten. Richtschnur, um mit all diesen Eindrücken und Bildern, Erzählungen und Erlebnissen irgendwann in ungefähr zwei Wochen wieder in einen halbwegs strukturierten Alltag zu gleiten. Das wird sicher noch spannend.

Zum Mittag steige ich ein Stück auf die „Kesselrunde“ und stelle überrascht fest, dass ich hier kurzzeitig Netzverbindung habe. Also gibt es ein paar Nachrichten in die Außenwelt, bevor ich mich wieder dankbar von der Bergwelt verschlucken lasse. Eisenhut und Bärlapp, Johanniskraut und Pestwurz, Falke und Eichelhäher, Felsen und Schluchten, Ahorn und Fichten, so schön ist es mit euch.

Heute ist der Geburtstag meines Vaters, er wäre 87 Jahre alt geworden. Schnell rechne ich und gratulierte ihm, dem einstigen Mathematik-Liebhaber, im Geiste zum 29 x 3. Geburtstag.
In seinem Angedenken bestelle ich mir einen vorzüglichen Kaiserschmarren. Habe leider vergessen, diesen kulinarischen Genuss bei Sonnenschein fotografisch festzuhalten, war einfach zu lecker! Und zu viel! Das letzte Viertel wandert in meine Vesperdose für morgen.
Die Sonnenterrasse der Kenzenhütte ist rappelvoll mit Tagesgästen, die hier zu Fuß, mit dem Fahrrad oder auch vier mal am Tag mit dem Bus, sagen wir Büslein, hoch kommen. Und ich kann jetzt schon sagen, dass auch ich sicher nicht zum letzten Mal hier oben war.

Nach einer weiteren Schreibrunde im Liegestuhl gibt es schon wieder Abendessen, und dann wird die Dannheimerin sicher bald wieder in ihr Stockbett krabbeln. Mal sehen, welche Zimmernachbarn heute um mich herum sind.

Morgen geht es dann erst mal wieder ins Tal. Nach Oberammergau, über Schloss Linderhof, wo die Kaiserin Sisi ihre heiteren Jungendtage verbringen durfte. Und das bringt mich nun dazu, dieses Kapitel, verfasst auf der Kenzenhütte, in der König Ludwig II auf seinen ausgedehnten Jagdausflügen auch gern verweilte, mit einem weiteren Zitat von eben ihm ausklingen zu lassen:

„Nichts ist stärker für Geist und Körper, als viel in Gottes freier Natur sich zu bewegen. Dort oben auf freier Bergeshöhe ist die Seele dem Schöpfer näher, schöner und erhabener als im Qualm der Städte, wo die Freuden ihren Sitz wahrlich nicht haben.“

Kenzenhütte – Walchensee

Ich erwähnte es bereits: Ich liebe Langstrecke. Nennen wir es an dieser Stelle, passend zum alpinen Panorama: Fernweg. Wobei ich klarstellen möchte, dass dieser Weg, diese gewobenen Wege vom Bergischen, Jakob, Schwäbischem Albverein und Maximilian, weniger mit „Fern“ zu tun haben. Ich wandere ja immer näher zu den vertrautesten Ort hin.

Das ist der große Unterschied zu meiner letzten Fernwanderung 2019, meiner „Franzalpina“ über die Alpen. Da bin ich dem vertrauten Alpenabschnitt immer weiter entwandert, und schließlich im für mich bis dahin Fernen, also Unbekannten gelandet.
Jetzt bin ich zwar auch dem Bekannten entwandert und stellenweise durch viel Unbekanntes gelaufen, doch spätestens seit ich auf der Schwäbischen Alb vom ersten Anblick der Alpenkette überrascht wurde, laufe ich dem Vertrauten entgegen.

Vielleicht hat es eher was mit dem Scheinriesen aus Michael Endes Geschichte „Jim Knopf und Lukas der Lokomotivführer“ zu tun – obwohl ich ja gar nicht an Augsburg vorbei kam. In der Ferne ist er riesig und wird dann immer kleiner, vertrauter, „passender“, je näher er kommt. Danke, Michael Ende. Das Verhältnis von Blickwinkel und Dimension könnte genauer betrachtet werden. Zu einem anderen Zeitpunkt. Jetzt betrachte ich die Alpen.

Tag 47: Kenzenhütte – Oberammergau – 20 Kilometer

Da ist es wieder, das Geräusch von gleichmäßig strömendem Regen auf dem Hüttendach. Guten Morgen. Nein, es ist sicher nicht der Wildbach, der hinter den Hütte rauscht, es ist der Regen.
Ich räkle mich in meiner oberen, doppelten Stockbettetage. Alle anderen Plätze sind belegt mit Menschen. Und dabei fällt mir auf, dass es heute Nacht verblüffend ruhig war.
Wenn ich die Anzahl der Maßkrüge und Aperolgläser auf dem Tisch der achtköpfigen Wandersleutgruppe (Schneewittchen und die sieben Kerle), die gestern Abend noch 20 Minuten vor Hüttenruhe auf deren Tisch standen, auf Schnarchdezibel und nächtliche Toilettengänge hochrechnete, dann wäre da heute Nacht etwas ganz anderes bei herumgekommen.
Gern hätten sie noch nachbestellt, aber das hat die Franzi, die andere Hüttenfranzi, klipp und klar und unmissverständlich abgeschmettert.

Etwas später als 22 Uhr kehrt denn auch wirklich Ruhe ein, erstaunlich. Die kennen ihre persönliche Grenze, und ich sollte nochmals über meine Vorurteile nachdenken.

Das ist ein großes Thema. In dieser, sagen wir, weniger dimensionalen Zeit merke ich recht schnell, wenn es mal wieder „in mir denkt". Keine Ahnung, woher die Bilder, die Konnotationen, die Bewertungen, die Abschätzigkeit, ja auch die Überheblichkeit oft so herkommt.
Mit meinem rationalen Wachhirn, meiner sozialkognitiven Prägung hat das stellenweise arg wenig zu tun. Woher kommen meine Vorurteile? UND wie werde ich sie los?

Beim Frühstück trödeln alle etwas herum. Wahrscheinlich in der Hoffnung, dass sich der Regen bitte bald verzieht. Ab frühen Nachmittag soll es besser werden, aber so lange will ja niemand hier tatenlos herumsitzen. Unterschiedliche Gruppen diskutieren unterschiedliche Routenvarianten.
Und wieder fällt es auf, dass die Frauen eher nach Parametern abwägen wie: Lässt es sich auch bei Nässe gut gehen? Männer teilen eher die Höhenmeter und bisher erlaufene Bestzeiten mit.

Draußen bimmeln mehrere Kuhherden vorbei. Sie werden von einer Hochalm auf die andere getrieben. Das ist ein recht sportliches Unterfangen für die Bauern, verspüren doch nicht alle Kühe direkt den Drang, dem Herdentrieb zu folgen. Als die letzte Truppe Hornvieh vorbei getrottet ist, beschließe auch ich, aufzubrechen. Regen hin oder her, mich treibt es hinaus.

An der Hüttenwand steht, wie lange ich auf diesem Weg noch gehen könnte

Und so finde ich mich kurze Zeit später in voller Regenmontur am Weg und schaffe es ein weiteres Mal, direkt zu Beginn die falsche Richtung einzuschlagen, schön bergab. Das mutet mir selbst irgendwann seltsam an und so darf ich tatsächlich alles wieder hinaufsteigen – im Regen, und noch weit höher. Gerade als ich mich frage, ob ich nun schlechte Laune bekomme oder frustriert bin, fällt mir ein, dass immer, wenn etwas scheinbar schief läuft oder sonst wie arg unliebsam ist, die direkte Belohnung wartet.

Hinter mir liegt das Allgäu, vor mir erstreckt sich Oberbayern

So war es bisher wirklich immer. Es tut so gut, mir mantramäßig zu sagen: Alles, was geschieht, gehört zur Medizin. Auch bei Regen falsch abbiegen. Und kaum bin ich bis zum angepeilten Beckensattel hochgestiegen, eröffnet sich ein fantastischer Blick ins Land.

Ich erfahre an einem Schild, dass der eindrucksvoll behauene „Hinkelstein“ hier tatsächlich die einstige Grenze zwischen Füssen und Ettal markierte. Also zwischen Allgäu und Bayern. Ein tolles Geschenk dieser Tour, dass ich – quasi vom Feldweg her – ein klareres, möchte fast sagen persönlicheres Verhältnis zur Gegend, zu dem Land, in dem ich lebe, bekomme. Nicht nur in Ortsnamen, auch über Ländergrenzen ergeht sie sich, die Dannheimerin.

Dann hüpfen mir auch noch vier Gämsen über den Weg und mein Glück ist vollkommen.
Ich erreiche den „Beckensattel“. Das Wort „Sattel“ kündigt es an: Was bis hier heraufgegangen wurde, muss auf der anderen Seite nun wieder hinunter. Das Gelände ist ziemlich zerregnet und beschert eine feine Matschpartie hinunter nach Linderhof.

Ums Schloss herum sind unfassbare Menschenmengen unterwegs, ich verspüre überhaupt keine Lust, in dieser regennassen Menge das Schloss zu besichtigen.

Architektonische Symmetrie und Prunk schmeicheln dem Auge – auch bei schlechtem Wetter

Außerdem ist die Venusgrotte derzeit wegen Renovierung geschlossen. Der Märchenkönig hat hier im Schlosspark seiner unzähmbaren Verehrung für Richard Wagner gefrönt und etliche Szenen aus den unterschiedlichen Opern nachgebaut. Unter anderem eben die Venusgrotte. Ich denke kurz an den Venusberg in Höhe Bonn, also Tagesetappe Nummer 9, dieser Tour zurück und kaufe mir am Kiosk einen sehr guten, heißen Kakao mit erhoffter Wirkung: Seelenpflege. Gutgelaunt und innerlich gewärmt steige ich in den nächsten Bus Richtung Oberammergau. Ich erkenne in überraschter Rührung die oberbayrische rote Buslinie. Richtig, ich bin jetzt ja in Oberbayern angekommen. Wahnsinn.

Klosterbesuch mit „stimmigen" Hintergedanken

Weil's grad so schön ist, steige ich prompt und spontan in Ettal aus.

In der stillen Gebetskapelle der Brüder kann ich endlich wieder singen, alles ist gut. Mit Kakaobauch sowieso.

Inzwischen meldet sich bei voller Gepäcklast mein linker Knöchel ab gelaufenem Kilometer fünfzehn. Ein ehemaliger Kapsel- und Bänderriss ist jetzt die „Sollbruchstelle". Über Nacht erholt sich das dank Gänseblümchensalbe und Arnikagel zum Glück. Also los, die letzten fünf Kilometer nach Oberammergau in die Jugendherberge schaffen wir, meine Knöchel und ich!

Ich habe ein Einzelzimmer, Und ich muss das Haus nicht mehr verlassen. Konnte mich zum Glück noch zum Abendessen anmelden. Habe ich es schon erwähnt? Ich liebe diese Speiseräume.

Die Jugendherberge ist sehr gut besucht. Es ist noch genau ein Platz frei, neben einer Kleinfamilie. Vater – Mutter – Kind. Das Büfett ist sehr vielfältig und ausgewogen und gesund, mit diversen Möglichkeiten zur veganen, glutenfreien oder sonstigen Ernährung. Da verblüfft es wirklich, wie akribisch diese junge Mutter der Tochter komplizierte Marotten zur Nahrungsauswahl antrainiert. Es werden Sonderwünsche geweckt, die nicht bestanden und prompt nicht erfüllt werden können. Leidvoll. Aber HALT: Wer bin ich, aus diesem kurzen Beobachtungsausschnitt so zu werten, zu urteilen? Dannheim, iss deine Nudeln und freue dich auf dein ruhiges Einzelzimmer.

Tag 48: Oberammergau – Eschenlohe – 18 Kilometer

Nach zwei Nächten im großen Schlaflager habe ich die Nacht in meinem Einzelbett im Einzelzimmer in der JuHe sehr genossen. Bestens ausgeschlafen habe ich erst meine Sachen aus dem Trockenraum geholt und mich dann aufs Frühstück gefreut.

Staunen und genießen

Heute habe ich direkt den Nebenraum, in dem sich hauptsächlich die Familien mit den kleinen Kindern sammeln, gewählt. Zum einen, weil hier heute die Sonne hereinscheint, hurra. Zum anderen, weil ich es wirklich genieße, zwischen dieser Vielfalt von Zukunftsmöglichkeiten zu sitzen, meinen Blick schweifen zu lassen und mucksmäuschenstill die Ohren zu spitzen.
Jungväter in Ibiza-T-Shirts, aus denen sie ein wenig herausgewachsen sind, geben in strammem Ton ihren Jonathans und Elisabeths derart missverständliche und unklare Ansagen, dass die Tischordnung bald zur Teststrecke samt Nutella-Massaker ausartet.

Zwei Tische weiter beobachten zwei bebrillte Kinder zweier bebrillter Eltern die Eskalation haargenau. Das Mädchen von gestern erhält von der Mutter im Marottentraining gerade eine Extra-Lektion, welches Obst wegen kleiner Druckstellen besser nicht gegessen werden sollte.
Richtig spannend wird die Feld- und Wiesenstudie, als diese Kinder nach dem Frühstück, während ich schon Schusters Rappen frisch aufsattle, draußen im Garten spielen.
In meiner Kindheit spielten wir „Fangerle“. Der verabredete Platz, auf dem mal eine sichere Verschnaufpause einlegen konnte, hieß bei uns „Bodde“. Bei meinen Kindern wurde diese Pause mit „Rolle“ beschrien. Hier erläutern gerade die beiden bebrillten Kinder den anderen die Spielregeln. Die verabredete Auszeit heißt – beim ersten Hören, meine ich mich verhört zu haben – der wohlsortierte Schlachtruf lautet tatsächlich: „In mein Büro!“
Bitte? Liegt das am ausuferndem Homeoffice der Eltern? Aber klar, Zeiten ändern sich, Spielregeln auch. Ich schmunzle in mein Vorurteilshirn hinein, dass es

ausgerechnet die bebrillten Kinder sind, die die Büroregeln aufstellen. Welchen Schlachtruf würden wohl die Ibiza-T-Shirt-Nachkommen wählen? „Surfbrett!“

Lüftlmalerei vom Feinsten

Jessas, Mari und Josef!

Ich breche auf, in der Annahme, eine lässige Tour vor mir zu haben.

Der Weg führt mich durchs hübsche Oberammergau, vorbei an der Festspielhalle, für die der Ort natürlich berühmt ist. Etwa so berühmt wie für seine Schnitzkunst. Zahllose Werkstätten mit ihren kleinen Schaufenstern bezeugen dies. In einem entdecke ich eine kleine Madonnenfigur. Ganz schmal, schlicht und schlank, eher Art Deco. Sie strahlt mich förmlich an.

Kurz darauf komme ich sogar an der Staatlichen Berufsfachschule für Holzbildhauer vorbei. Interessante Übungsexponate der Absolventen stehen da im Hinterhof. Weiter geht es an der „Laine“ entlang. So heißen in dieser Gegend die Gebirgsbäche, die im Frühjahr dank Schmelzwasser schnell zum ortschaftsgefährdenden Strom anschwellen können und daher bis weit hinauf in den Berg in ausladend befestigten Stufen gezähmt werden.

An der Seilbahnstation zum Berg namens „Laber“ gehe ich schweigsam vorbei und weit hinauf. Der Hochnebel verschluckt mich sogar noch auf dem Weg zum Sattel. Dann heißt es wieder: „Aobi!“ Runter wird es wild, herausfordernd, matschig, steil und wunderschön. Der Duft im Wald kommt mir bekannt vor, die Vegetation auch, so weit bin ich vom Schliersee auch nicht mehr entfernt.

Selig schnuppernd und sinnierend komme ich bei strahlendem Sonnenschein in Eschenlohe an. Direkt an der Loisach liegt der „Brückenwirt“, mein heutiges Etappenziel. Es ist die Brückenwirtin Waltraud höchstselbst, die mich mit reizen-

dem schwarzwälder Dialekt empfängt und einweist. Ein aufmunterndes „Jetzt kommt Ihr letzter Aufstieg für heute, das Zimmer ist im dritten Stock!“ ertönt. Selbstverständlich ohne Aufzug. Egal, es ist ein Einzelzimmer, MEIN Einzelzimmer, hoch droben im holzverkleideten Adlerhorst, wunderbar.
Nach Dusche und Wäsche sitze ich im hauseigenen Biergarten über der Loisach, genieße das prächtige Farbspiel von Gebirgswasser und Bergpanorama vor goldenem Sonnenuntergang.

Brückenbauen. Über die Loisach und nicht nur für den Wirt

Der Hauptberg heißt bezeichnender Weise „Kasten“ und sieht auch so aus. Irgendwie männlich, wie sich das für einen Berg gehört. Dahinter erstreckt sich die eindrucksvolle Bergkette samt „Heimgarten“, meine für morgen anvisierten Strecke. Ich habe großen Respekt. Jetzt auf diesem letzten Abschnitt, spüre ich meine körperlichen Grenzen. Wähle ich morgen also die anspruchsvolle Variante oder den „Umweg“ am Wasser entlang?

Die Schwalben und Mauersegler haben sich zur Großchoreografie eingefunden. Sie scheinen sich zu sammeln, um demnächst die große Reise gen Süden anzutreten. Bitte, bitte bleibt noch ein paar Tage, ihr lieben Schwalben, begleitet mich an den Schliersee.

Ich kann nicht genau sagen, warum mich dieser Schwalbenaufbruch, der immer Mitte August vonstatten geht, so rührt. Die Bauernregel sagt zwar „Mariä Geburt san d‘ Schwalben furt“, also am 8. September erst. Ich meine aber, dass es eher Mariä Himmelfahrt, also der 15. August ist, den sie anpeilen. Um diese Zeit ändert sich das Licht. Die Tage sind spürbar kürzer und morgens liegt der Tau schwer auf den Wiesen.
Bitte, Schwälbchen, lasst euch noch ein wenig Zeit. Eine Schwalbe macht noch keinen Frühling, KEINE Schwalbe macht noch keinen (Dann)Heimgang, auch keinen (Dann)Heimgarten.

Irgendwann steige ich zum zweiten und für heute nun wirklich letzten Aufstieg in meinen vertäfelten Adlerhorst und sinke tief ins Daunen-Plumeau.

Tag 49: Eschenlohe – Herzogstandhaus – 22 Kilometer + Seilbahn

Als ich die Augen aufschlage, ist es bereits 7:40 Uhr. So lange habe ich LANGE nicht mehr geschlafen. Der Himmel ist königsblau und schnell ist klar, dass mein Unterbewusstsein mit diesem unplanmäßigen Ausschlafen Tatsachen geschaffen hat: Ich bin jetzt zu spät dran, um den ausgesetzten, sonnigen, anstrengenden Aufstieg zum Heimgarten zu wagen. Auch wenn er vom Namen her natürlich sehr gut auf meinem Weg hätte liegen können: Dann Heim Garten.

Ich genieße es, lieber ruhig und gemütlich meinen Drittstockhorst zu räumen und mit Waltraud, der Brückenwirtin zu plaudern. Erfahre, dass Sie vor 42 Jahren aus dem Schwarzwald kam, eigentlich nur für eine Wintersaison, eigentlich. Eigentlich ganz ähnlicher Werdegang, wie Frau Irene in ihrem gleichnamigen Haus in Unterjoch, letzte Woche. Kölsch ins Allgäu. Schwarzwald nach Oberbayern und meiner eine Schwäbisch ins Ruhrgebiet.
Die erste seit gut 50 Jahren, die zweite seit gut 40 Jahren, und was halte ich von meinen gut 30 Jahren?

Zurück an die Loisach, es wird warm. Kein Heimgarten steht an, sondern die „Eschenloher Laine". Da ist sie wieder, eine stufengezähmte Wasserbraut.

Blick zurück gen Zugspitze

Das mit der Stufenzähmung hat aber nur ein Stück weit geklappt, schon stehe ich an der „Schwarzen Brüll-Klamm". Eine hochdramatische Schlucht, in der die Wasser über Jahrtausende eindrucksvolle Becken und Rundungen ausgespült haben. So tief hat sie sich in den Stein hinuntergegraben, dass es mir hoch droben auf der Drahtbrücke in schwindelnder Höhe fast ein wenig mulmig wird. Hier singt sich das „Lied des Tages" über den Fluss „Sweet Afton" besonders innig.

Durch feuchten, saftigen Wald geht es immer höher entlang des Wassers. Ich bin froh, diese „weibliche" Alternativroute am Wasser gewählt zu haben: unzählige Schmetterlinge umschwirren mich, begrüßen mich so persönlich, dass ich kaum

Rast machen kann. Enzian blüht am Weg, Mutter Natur hat sich heute ein besonders schönes Gewandt angezogen, nur für mich.
Ich bin den lieben langen Tag mal wieder allein im Wald.

Irgendwann habe ich den Sattel erreicht. Die „Eschenloher Laine" ist nicht mehr zu sehen, da geht es auf einem Jakobsweg plötzlich wieder ein Stück bergab. Ich sehe schnell, dass ich quasi in der „falschen" Richtung unterwegs bin, also entgegen den gelben Strahlen auf blauem Grund marschiere, aber egal. Hauptsache Jakobsweg. Diesen jetzt an den Walchensee zu pilgern ist besonders schön. Der Anblick des flaschengrünen Sees haut mich wirklich um. Ich stehe in Einsiedeln und weine recht hemmungslos.

Walchensee, dir wohnt ein geheimnisvoller Zauber inne

Zur Krönung gibt es ein Eis. Mit dem Baden will ich warten, bis ich das „Klösterl" auf der anderen Seite der Halbinsel besichtigt habe. Der Weg zieht sich, in voller Sonne. Jakob, da verlangst du mir aber noch ordentlich etwas ab, bevor ich ins Wasser hüpfen darf. Meine Tour – meine Regeln. Streng kann sie sein, die Dannheimerin.

Schließlich komme ich am „Klösterl" an, erfahre an der Schautafel einiges zur wechselvollen Geschichte, vor allem, dass dies heute ein Haus des katholischen Jugendbildungswerkes ist. Die Kapelle ist geschlossen. Ich ringe eine Weile mit mir, die Idee des letzten Stempels zu verabschieden, bin aber nicht so gut im Aufgeben, also klingle ich an der Hausmeisterschelle.

Die Landstreichlerin wird etwas misstrauisch vom Hausmeister gemustert. Ihr wird erklärt, dass sie in der falschen Richtung unterwegs ist, aber das macht nichts. Dass ich mich in Ermangelung eines Jakobsstempels auch über den Hausstempel sehr freue, lässt das Eis schnell schmelzen (nicht das gekaufte, das ist längst verspeist.)
Meine Bitte, in der Kapelle ein Lied senden zu dürfen, weckt weiteres Interesse. Der Hausmeister führt mich durch die sehr weltlich mit Rettungswesten zugestellte Sakristei und schließt mir die Kapelle auf. Eigentlich bin ich keine Zuhörer mehr gewohnt, aber die ganze Situation ist so eigenwillig, dass es mir heute besondere Freude macht, zu singen.

Auf meinen letzten gesungenen Ton folgt eine Pause.
„Magst hier herziehen? Mir fehlt ein Sopran.“
Das ist die allerschönste Reaktion, die ich mir je hätte erträumen können. Genau so: nur noch in Kirchen singen, gerne unaufgeregt und ohne Schaubrimborium. Einfach nur singen.

Dannheim vor Klösterl im Glück

Ein nettes Gespräch entspinnt sich, mit dem Ausgang, dass ich eingeladen bin, im September zum Musikspaziergang in Walchensee zu singen. Ich verspreche, zu Hause in meinem Kalender nachzuschauen und verabschiede mich gerührt, schwebe ans Ufer und hüpfe laut juchzend ins Wasser.
Dieser Walchensee hat eine Magie, die schwerlich in Worte zu fassen ist. Nicht umsonst hat Michael Bully Herbig seinen Wickie-Film hier gedreht. Das Museum am Ufer ist derzeit allerdings geschlossen.

Ich gehe jetzt abgekühlt und flotten Schrittes zur Talstation und gönne mir zur weiteren Krönung des Tages die Auffahrt zum Herzogstandhaus, meinem heutigen Tagesziel, mit der Gondel.
Im wahrsten Sinne des Wortes erhebend.

Walchensee von oben vor umwerfender Alpenkette

Es ist weit mehr als nur nachvollziehbar, dass König Ludwig II auch hier oben sehr gern verweilte. Ein prächtiger Blick weit über den Walchensee tief hinein in die Alpen, ab der dritten Reihe der Gebirgsketten sind die Gipfel weiß verschneit, unfassbar schön.

Wenn ich tief in mein Inneres hinein höre, habe ich eigentlich keine Lust mehr, in einem 16er-Schlaflager zu übernachten. Irgendwie ist nach dieser langen Zeit des Wanderns, des Pilgerns, des Philosophierens, des Haderns, des Glückseligseins das Bedürfnis nach Nachtruhe und gewahrter Intimität größer.
Wieder gebe ich meinem Zaudergeist einen Schubs und frage den ausgesprochen netten Hüttenwirt, ob nicht zufällig heute, an diesem Wochenendtag nebst voll ausgebuchten Bettenplan, ein Zimmer frei geworden ist. Davon ausgehend, dass er mich müde anlächeln wird.
Und was antwortet er? „Grad im Moment kam ein Storno rein. Das schönste Zimmer, das König-Ludwig-Zimmer, ist frei geworden. Magst es?"

Ich mag nicht nur „es", sondern auch ihm am liebsten um den Hals fallen und liege kurze Zeit später und mit absolut überschaubarem, lohnenden Aufpreis im wirklich bezaubernden Ludwig-Zimmer mit noch etwas erhabenerem Blick in die Berge. Ach, wie schön, dass das mit dem Wünschen zur Zeit so gut klappt.

König Ludwig II, seiner königlichen Hoheit wahrlich würdig

Der Abend ist sternenklar. Darüber freut sich auch die kleine Reisegruppe aus Düsseldorf. Direkt unter meinem Fenster deklinieren sie, flankiert von drei Flaschen Weißwein, erst alle gesundheitsrelevanten Themen der Pflege ihrer Eltern durch.
Im Anschluss die aktuellen, generalisierten Fehlversuche in der Kindererziehung der neuen Elterngeneration. Ich werde stark an mein eigenes Vorurteilsgedenke gemahnt.

Und dann ist es endlich dunkel. Zeit, dass die eine Düsseldorferin hier heroben das Handy zückt und dank ihrer Astro-App versucht, den anderen sämtliche Namen aller Sternkonstellationen in dieser besonderen Perseiden-Nacht vorzulesen.

Nacht, Alkohol und fehlende Brille lassen diesen Vortrag ab und an etwas ins Stocken geraten. Ich bin einfach zu erschöpft, schaffe es noch nicht mal, mich ans Fenster zu schleppen, um von da aus selbst nach den besagten Sternschnuppen-Schwärmen Ausschau zu halten.

Ein paar junge Männer bölken noch bis halb eins durch die Gänge, aber das ist mir alles egal.

Ich liege im Bett unter einem Gemälde von König Ludwig II und genieße „meine königlich bayrische Ruhe", so hat es meine Oma Else immer gesagt – meine königlich bayrische Ruhe. Bald darf ich jedoch feststellen, dass die hölzerne Wand hinter meinem Kopfende wohl aus Zellulose besteht. Der Nachbar drüben schnarcht zum Gottserbarmen und ich träume von Kettensägen.

Tag 50: Pausentag am Herzogstand

Was für ein Ort für einen Pausentag, den letzten Pausentag meiner Tour.

Frühstück mit Alpenpanorama de luxe!

Heute bekomme ich hier heroben Besuch, persönlichen, möchte sagen königlichen: Über Tag kommt meine Mutter mit der allerersten Gondel herauf. Nach einem zweiten Sonnen-Frühstück gibt es für uns einen kleinen Spaziergang übers Hochplateau. Aber bitte nur einen kleinen, schließlich habe ich heute Ruhetag.

Und den braucht mein Körper auch, die Oberschenkel wollen gar nicht mehr weich werden. Der Rücken tut zwar nicht weh, aber er wird fest. Ich habe schlicht für zu wenig Ausgleich, sprich Dehnung gesorgt in den vergangenen Wochen. Aber wann hätte ich das noch machen wollen?

Mittagspause im König-Ludwig-Zimmer, während sich unten die Wochenend-Tages-Gäste auf der Hüttenterrasse stapeln, stiller Luxus für uns zwei Königinnen.

Später kommt noch mehr Besuch: Auch der gute Gatte möchte sich das König-Ludwig-Zimmer nicht entgehen lassen und reist am Nachmittag spontan an. Wie schön, dass er mich jetzt noch zum Ende der Tour besucht und dieses ganze Unterfangen über mehrere Zwischenstationen ein Stück weit begleitet hat.

Plötzlich kommt Regen auf. Dunkel wird es am Himmel, schwarz. Zuerst leert sich die Terrasse, alles strömt in den Gastraum. In der nächsten kurzen Regenpause leert sich auch dieser, pünktlich zur letzten Talfahrt, mit der meine königliche Mutter wieder ins Tal schwebt.

Ja, wo gondeln sie denn?

Um halb sechs kehrt sie hier ein, die königlich bayrische Ruhe.
Es regnet weiter. Das vermiest den Düsseldorfern eine weitere weißweingetränkte Sternenhimmelanalyse.

Irgendwann gegen halb vier in der Nacht erwacht der königliche Gatte aus dem Schlaf, und das ist wunderbar. Denn der Himmel ist wieder sternenklar. So schleichen wir zwei Schlafanzug-Gespenster durch die dunklen und stillen Flure hinaus auf die Terrasse und genießen die volle Ladung Sternschnuppen, Milchstraße samt feiner Mondsichel – ohne Handy-App – einfach nur schön.

Ab morgen geht es dann wieder allein auf die letzten vier Tagesetappen.

Gruß von oben

Walchensee – Schliersee-Finale

Das Ziel meiner kühnen Fernwanderung naht. Noch vier Tagesetappen, dann geht es zurück in die Zivilisation. Erst mal in eine sehr schöne und ländliche Zivilisation. Ein goldener Spätsommer hüllt mich ein, der Himmel in bezauberndem Blau, die Wiesen in saftigstem Grün.
Bin dankbar, langsam und stufenweise zurück zum Alltag übergehen zu dürfen. Hesse, dein Gedicht schreib ich mir noch ins Tagebuch. Ich bin mir sicher, dass es noch ein Weilchen dauern wird, bis das aufgewirbelte innere Mosaik wieder zur Ruhe kommt. In welchen Mustern und Farbkombinationen bleibt abzuwarten.

Tag 51: Herzogstandhaus – Jachenau – 19 Kilometer + Bus

Heute Nacht hat es wirklich mächtig gewittert und geregnet. Auch wenn, wie im letzten Abschnitt beschrieben, der Himmel sehr gnädig gegen vier Uhr nachts seinen Vorhang öffnete, um uns den Logenblick aufs Perseiden-Spektakel freizugeben, merkt man heute hier oben im Berg den Wetterumschwung noch deutlich. Auf der Terrasse ist alles klatschnass. Außerdem windet es recht herausfordernd. Das hindert uns nicht daran, den Frühstücksplatz erneut nach draußen zu verlegen. Wann werde ich mein Käsebrot bitte wieder vor so einem Panorama verputzen?

Liedchen am Morgen vertreibt Kummer und Sorgen

Im Anschluss gibt es wieder ein „Lied des Tages“ und zwar „Historia de un amor“, latin-sentimental vom Feinsten. Diese Lieder, die da im Laufe der letzten Wochen aus irgendwelchen Seelentiefen und Erinnerungskästchen wieder aufgetaucht sind, bilden mir selbst eine wohltuende Umhüllung.
Das Musizieren war zu Beginn meiner Wanderidee ganz anders gedacht. Nämlich, um mit anderen in musikalischen Austausch, ins gemeinsame Musizieren zu kommen. Auf dieser speziellen Reise, nach diversen krankheitsbedingten Änderungen, hat sich jedoch genau dieses kleine und reduzierte Ukulelen-Spiel für mich als Segen erwiesen.

Ganz gemächlich und gemütlich geht es mit einer der ersten Gondeln hinunter ins Tal, zurück an den Walchensee. Hier begegne ich der Düsseldorfer Truppe noch einmal und darf beobachten, wie die Sternbildleserin der vorletzten Nacht recht mühsam ihren Rollkoffer über den Bergschotter schleift. Irgendwie macht es Sinn, sich im alpinen Ambiente mit Rucksack fortzubewegen, denke ich mir. Mich fragt aber keiner, also halte ich die Klappe und freue mich einmal mehr, dass meine Ausrüstung, mein Rucksack wirklich perfekt passt und all meinen Anforderungen voll entspricht.

Und dann geht es los. Am See entlang kürze ich mit dem öffentlichen Bus ein klein wenig „Asphalt-Hatsch" ab, bis hinter den Ort Ursprung. Auf dem Wanderweg geht es weiter zum „Sachenbacher im Eck". Wirklich ein herzallerliebster Ort, wie ihn der passend zersägte Baumstumpf am Hinweg schon verheißen will.

Herzige Aussichten kurz nach Ursprung – ursprünglich herzlich

Hier kann die Dannheimerin mal wieder nicht anders und hüpft in den See. Sie denkt nämlich noch, dass ihr heute eine lockere Tour von gerade mal sechs Kilometern bevorsteht. Entspannt und ohne viele Höhenmeter hinüber in die Jachenau. So hat sie sich das gedacht. Und ihre Lektion bald erhalten.
Vorerst fliegen ihr noch die Schwälbchen knapp um die Ohren und über die Seeoberfläche. Sie bittet inständig um deren weitere Begleitung bis an den Schliersee.
Nasse Badewäsche ordentlich auf dem Rucksackrücken, der Sonne zum Trocknen verschnürt, geht es weiter auf einen Weg, den die Komoot-App selbstständig gewählt hat. Er verläuft zwar nahe parallel zum regulären Radweg, aber „nahe parallel" bedeutet im Berg nicht unbedingt „ähnlich eben". Es geht für mich also wieder einmal gehörig hinauf. Hinauf in einen schattigen und vom Regen feuchten Zauberwald, und auch hier zeigt sich der Wetterwechsel der letzten Nacht: Millionen Mini-Fröschlein machen sich genau heute auf den Weg, ihre Kinderstuben-Tümpel zu verlassen, um ins eigene Waldfroschleben aufzubrechen.

Froschkind, Kröte oder Prinz?

Ein entzückendes Gehüpfe direkt vor meinen Füßen. Ich stakse also vorsichtigst voran, um ja kein Tierlein zu erwischen. Das erfordert viel Aufmerksamkeit und Kondition, schließlich geht es recht steil bergauf.

Irgendwann ist der Weg zu Ende und ich muss feststellen, dass ich vor lauter Fröschlein-Fokus den Abzweig verpasst habe. Bin laut App zwar wieder nah parallel am Weg, es trennen mich leider hundert Meter steil abfallender Fels vom rechten Weg.
Es hilft alles nichts, ich muss umdrehen.
Manchmal ist es mühsam, sich eingestehen zu müssen, dass man einen Fehler gemacht hat, dass es keine Option ist, weiter gerade aus in den Abgrund zu kaspern, dass man einfach umkehren MUSS. Zurück durchs bereits Gesehene, Erlebte, um an den Punkt zurückzukommen, wo man die rechte Chance verpasst hat.
Eine Mischung aus Ärger, mindestens Unmut, und einer undefinierbaren Furcht keimt in mir auf. Ich steige schneller. Meine Beinmuskulatur macht das mit, meine Pumpe aber nicht. Ich muss mich richtiggehend unterbrechen, das Tempo drosseln und mein Hirn wieder einschalten: „Sorge angemessen für deine Sicherheit“ geht mir durchs Gemüt, „ Sorge für deine körperliche, nervliche und seelische Sicherheit.“
Da fällt mir die Frau, der ich auf der Schwäbischen Alb begegnet bin, wieder ein, die mir sagte: „I han a Angschdschdörung.“
Jetzt denke ich anders darüber als vor drei Wochen. Aber ich bin zurück auf dem richtigen Weg. Chance genutzt, richtig abgebogen, jawoll und danke, Herz, dass du dich wieder beruhigt hast.
Auf ein Neues!

Blick in die Jachenau. Immer wieder: O Täler weit, o Höhen

Es wird anspruchsvoll. Steil. Steinig. Und irgendwann sehr sonnig, sehr heiß.
Den Weg in die Jachenau habe ich gefunden, auch den in die dortige Kirche und habe beherzt gesungen. Danach geht es noch ein gutes Stück weiter, immer schön an der Jachen entlang über saftige Wiesen, deren Anblick mich trotz aller Saftigkeit nicht davon ablenken kann, dass ich ziemlich erschöpft bin.
Meine Handy-App weiß zum Glück mein heutiges Etappenziel, ich selbst habe es vergessen.

Weiß nicht einmal mehr, ob es dort überhaupt noch eine Wirtschaft gibt. Aber das ist nicht so wichtig. Hauptsache ich finde mein Bett unter sicherem Dach für heute Nacht.

Irgendwann überquere ich die Jachen und komme an einem wunderschönen Biergarten vorbei. Jubelnd beschließe ich, heute Abend, nachdem ich meine Pension gefunden und bezogen habe, genau hier den Abend mit einem Bier zu begießen und zu beschließen.

Nach kleineren Unstimmigkeiten zwischen mir, meiner App und den Straßenbegebenheiten stelle ich fest, dass dies exakt genau der Biergarten vom Staffelwirt, meiner heutigen Unterkunft, ist. Wunderbar, wie gut für mich gesorgt wird. ICH habe mir diese Unterkunft gebucht. ICH habe den Weg hierher geschafft. ICH habe mich vielleicht nicht angemessen, aber immerhin ausreichend um meine Sicherheit (und die der kleinen Fröschlein) gekümmert – das ist die Erkenntnis des Tages.

Das Thema „Angschdschdörung" wird mich in seiner Vielschichtigkeit sicher noch ein wenig begleiten. Ich schrieb ja bereits: von einer, die auszog, das Fürchten zu verlernen.
Nach Dusche und kurzer Erholungspause werde ich im Biergarten mit einem Namensschild am eigens für mich ausgewählten Platz erwartet.

Namentlich erwartet. Prosit!

Dankbar lasse ich mich nieder, bestelle Essen und Trinken und darf die kommenden 90 Minuten den beiden Menschen an meinem Nachbartisch, erst unfreiwillig, dann bewusst unauffällig lauschen. Welche Welt sich hier in breitem Bayrisch auftut, könnte auf der Bühne aller Bauerntheater nicht pointierter dargeboten werden. Vielleicht habe ich ja auch nicht alles richtig verstanden, aber meine – zugegeben feurig entzundene – Fantasie schnitzt sich folgenden Kontext:

Hier trifft sich gerade ein Liebespaar heimlich. Beide um die 70. Sie: Kettenraucherin, Junggesellin, hat vor 58 Jahren beschlossen, den Jung-Mädchen-Duktus nie mehr abzulegen. Überkandidelte Mimik und Gestik. Er: langweilig verheiratet, lässt sich von diesem „flotten Energiebündel" gerne an den Zauber früherer

Jugendtage erinnern. Verblüffend, wie durchgehend SIE sich über das vermeintliche Fehlverhalten gemeinsamer Bekannter auslässt und mehr noch: wie oft das Adjektiv „hinterfotzig" in ihrem Sprachgebrauch Verwendung findet.

Nachdem ich mein zweites Radler leer getrunken habe, sind diese beiden beim vierten Bier und sicher noch lange nicht am Ende. Ich krieche in mein Bett und frage mich, ob es arg hinterfotzig von mir war, so exzessiv zuzuhören. Da – schwups – ist es vorbei mit dem Biergartenwetter und Donner, Blitz und Doria ziehen auf: „A Ruah is!"
Dannheim macht die Augen zu.

Tag 52: Jachenau – Lenggries – 21 Kilometer

Trotz Gewitter sind all meine handgewaschenen Kleidungsstücke – viele sind es nicht, hab ja nur das, was ich am Leib trage und einmal Wechsel plus ein drittes Paar Socken dabei, aber das nur am Rande – alle Sachen sind wieder trocken. So sitze ich bald mit bereits fertig gepacktem Rucksack im schönen Frühstücksraum vom Staffelwirt.
Ein sympathisches, jüngeres Pärchen aus Regensburg erscheint kurz nach mir. Wir kommen ins Gespräch. Hier zeigt sich nach Bekanntwerden meiner Langwanderei wieder die typische Gesprächs-Entwicklung. Sie: interessiert, sehnsüchtig. Er: zurückhaltend skeptisch. Sie fasst es am Schluss wunderbar zusammen: „Ich würde das ja auch gern, aber ich trau mich nicht, könnte das nicht allein. ER macht das alles mit der Komoot-App, ich lauf ja nur hinterher."
Kenn ich. Würden wir alle wohl mindestens ab und an gern tun: einfach hinterherlaufen. Ist aber nicht immer ratsam. Manchmal muss man selbst denken, selbst entscheiden und damit auch selbst Fehler machen, enorm wichtig. Von wegen „Wer kriecht, stolpert nicht" – danke, weiter geht's.

Ich breche auf gen Lenggries. Ein Ortsname, der mir von den Zug-Ansagen der Bayrischen Oberlandbahn, kurz BOB, mit der ich schon unzählige Male an den Schliersee gefahren bin, geläufig und vertraut, aber real gänzlich unbekannt ist. Ich weiß, heute heißt sie BRB, bayrische Regionalbahn, mir gefällt BOB aber besser, ich bleib dabei.

Nun befinde ich mich auf meiner drittletzten Etappe, und langsam steigt dieses Gefühl des nahenden Endes in mir auf. Nicht unglücklich, es ist bald wirklich gut, der Knöchel toleriert täglich circa einen Kilometer Laufstrecke weniger.
Es ist eher die freudige Erwartung, jetzt „den Sack zuzumachen". Wenigstens

ein Stückchen weit oder vorübergehend. Und so tauchen auf dieser Zielgeraden nochmals viele Themen auf. „Persönliche Sicherheit“ zum Beispiel, das hatten wir gestern. „Selbstverbundenheit“, wer bin ich denn nun?

Wo kommt sie her? Wo geht sie hin? Die Wegeweberin

Mit diesen Fragen bin ich einst, vor gut sieben Wochen, aufgebrochen. Habe meine persönlichen „50 Shades of Grey“, all diese Schattierungen des Unwohlseins, erlebt – zumindest einen Gutteil davon. Und jetzt stellt sich die Frage: Welches sind denn dann im Gegenzug Dannheims persönliche „50 Shades of Yellow“, sprich: Erkenntnis, vielleicht sogar kurz vor Erleuchtung, in jedem Fall Erleichterung, auch Erheiterung?

Ich habe da ein Gefühl, eine Ahnung, und das ist ein großes Geschenk. Ich spüre und bin mir dabei sicher. Mit mir in Sicherheit.

So führt mich der Weg weiter an der farblich eher unauffälligen und auch sonst irgendwie bescheidenen Jachen entlang, teils hinauf in wildschönen Urwald, der sich nach quirligen Wasserfällen wieder öffnet und den Blick auf eine Hochebene mit Alm freigibt. Wunderschön. Hier mache ich meine erste Pause, sitze im Schatten und stelle mir vor, wie es wohl ist, hier heroben im Wandel der Jahreszeiten zu leben.
Steigende Temperaturen und die wandernde Sonne erinnern mich daran, selbst wieder das Wandeln aufzunehmen, das wird mit zunehmender Hitze ja nicht besser.

Schattenspendende Eichenschwestern

Ich merke ganz deutlich, dass ich im Vergleich zum Beginn meiner Tour deutlich an Kondition, Lungenvolumen und Muskelkraft zugenommen habe, im Durchschnitt auch längere

Tagesetappen laufe, trotz anspruchsvollerer Höhenwege hier in den Alpen.
Aber der Körper flüstert: „Jetzt ist dann langsam mal gut".
„Ja", sage ich zu ihm „bald ist es geschafft. Lass uns an die Isar gehen."

Auf diesen Fluss, diese unendlich weiblich wilde Wasserkraft, freue ich besonders. Kann nicht genau sagen, warum. Weiß von einigen archaischen Mythen und bin einfach gespannt.
So queren ich und mein Körper nach der Pause gestärkt die Hochebene und gelangen wieder ans fließende Wasser. Bald wird das Rauschen Stereo: links die Jachen, rechts die wilde Isar.
Beim Versuch, frühzeitig an ihre Ufer zu gelangen, scheitere ich drei Mal. Das Wasser ist eben recht hoch und mein Rucksack lässt mich nicht so behände durch die Büsche krabbeln.
Ja, sie ist eine erhabene und wilde Braut, diese Isar. Eine Eiszeit-Erbin, gesäumt von Urwald und Steppe. An ihren Ufern wird es unerbittlich heiß.

Magische Isar-Landschaft mit Spirale nebst Lied: Ich gehe und weite die Kreise, ich gehe zum Ursprung und Ziel

Ich versinke schon ein wenig im Delirium, bis vor mir endlich Lenggries, mein heutiges Etappenziel, auftaucht. Hier gibt es eine Brücke, in deren Schatten und entlang eines längeren Uferabschnitts viele Menschen Abkühlung suchen. Außerdem ist es der Start- und Einweise-Platz für diverse Paddelboot- und Wildwasser-Sportler. Weit und schattig und eine unmissverständliche Einladung, in die Fluten zu steigen. Außerdem gar nicht so kalt, wie ich es von der Eiszeit-Königin erwartet hätte.

Vergleichsweise frisch erreiche ich die Jugendherberge in Lenggries, werde reizend von der Rezeptionistin empfangen. Als sie bei der Buchung erfährt, dass ich allein und Fern-Wandernde bin, weist sie mir rücksichtsvoller Weise ein Einzelzimmer direkt im Erdgeschoss zu. Damit ich es nicht mehr so weit habe. Was ist weit im Angesicht der mehr als 900 zurückgelegten Kilometer?
Ich genieße den Luxus, mich noch zum Abendessen anmelden zu können, so muss ich das Haus für heute nicht mehr verlassen. Heute ist hier im Hause „Pasta-Party", was will ich mehr?!

Wachsblume im Speisesaal – eigenwilliger Kontrast zur Natur draußen

Das Haus ist gut besucht, nicht nur, weil sich von hier aus mit oder ohne Kinder wunderbare Tagesausflüge in die Bergwelt machen lassen, sondern auch weil hier gerade Volksfest ist, mit Bierzelt und Musik. Einige eher mittelalte Männer reisen dafür an und präparieren sich vor dem Aufbruch noch mit Lederhose, Wadlstrümpf und Haferlschuhen. Bin gespannt, ob sich deren Rückkehr des nächtens in die JuHe akustisch bemerkbar macht und wenn ja, wie.

Ich selbst setze mich mit Ukulele und meinen Reiselieder-Noten noch auf die Terrasse. Ein paar Kinder spielen Fußball auf der Wiese davor. Blick in den Himmel. Keine einzige Schwalbe ist zu sehen. Wo seid ihr? Heute ist doch erst der 14. August. Bitte fliegt noch nicht fort, kommt mit mir noch an den Schliersee.

Es dämmert, und die Zeit der kindlichen Müdigkeitsunfälle müsste demnächst beginnen. Richtig, zwei kleine Mädchen heulen laut auf und bald sind wir nur noch zu dritt auf der Terrasse, ein nettes Paar aus Reutlingen und ich. Über die Musik kommen wir in ein schönes Gespräch, entdecken einige Parallelitäten und auch einige Unterschiede.

Mich überkommt steinerne Müdigkeit, der Tag und seine Etappe waren lang und vor allem heiß. Danke, liebe Frau Rezeptionistin, dass ich jetzt nur noch ein paar Meter den Gang entlang schlurfen darf, um von meinem Bett im Zimmer mit dem tollen Namen „Seekarspitze" verschluckt zu werden. Ok, Zähne putze ich noch, das ist aber auch alles.

Tag 53: Lenggries – Bad Wiessee – 17 Kilometer + Zug & Bus

Ich wache auf und stelle fest, dass die Lederhosenmänner bei ihrer Rückkehr wohl vorbildlich rücksichtsvoll oder einfach nicht zu hackeblau waren. Jedenfalls habe ich nichts gehört, komplett durch- und damit ausgeschlafen.

Heute ist Mariä Himmelfahrt, Kräuterweihe. Jedes Jahr sammle und pflücke ich für diesen Tag einen besonderen Kräuterstrauß oder Kräuterbuschen genannt, manchmal gehe ich damit in die Kirche zur Kräuterweihe, meist weihe ich mir die Schwestern selbst. Der Strauß hängt dann übers Jahr an der Tür und sorgt für Segen und Gesundheit, einige Blumen darin haben besondere Aufgaben: Die Königskerze im Zentrum sorgt dafür, dass es nie zu dunkel wird, das konnte ich im Wald hinter der Bärenhöhle so tröstlich erleben. Johanniskraut hilft gegen Gewitter, und das Sanikel zeigt sich dem, der es braucht und so weiter. Ja, ich will das mit den Zweizeilern zu Pflanze und Wirkung im Nachgang noch umsetzen. Dieses Jahr war ja schnell klar, dass das mit dem frischen Strauß zur Kräuterweihe nichts wird, also habe ich auf dieser Wanderung früh angefangen, liebevoll ausgewählte Kräuter zum festen Bündel zu wickeln, jeden Tag eine kleine Schicht dazu. Und ich betone erneut, dass ich mich stets an die Vorschriften von Natur- und Artenschutz gehalten habe. Der Duft dieses inzwischen prächtigen Bündels ist betörend. Mein JuHe-Zimmer riecht wie eine Almwiese.

Alles gepackt. Kräuterbuschen zur Feier des Tages obenauf

Mit Rücksicht auf meine Haxen beschließe ich heute, nicht ÜBER den vorletzten Berg dieser gesamten Wanderung, nämlich die pittoreske Benediktenwand zu steigen, sondern drumherum. Um die Steinböcke, die es dort oben wohl zahlreich zu bewundern gibt, ist es mir ein wenig schade. Aber meine Körperstimme und meine Vernunft haben sich zusammengetan. Ich werde sogar noch ein paar weitere Kilometer mit dem Bus und oder mit dem Schiff einsparen. So denke ich mir das beim Frühstück noch

Flora, Fauna, Isar = wunderbar

zurecht, möchte mir zum Finale hin gerne den Genuss gönnen. Der Weg führt mich noch einmal an der Isar-Eiskönigin entlang nach Tölz, Verzeihung: Bad Tölz.

Ich bekomme der Hitze und der herausfordernden Wegbeschaffenheit am Ufer wegen noch einmal die Chance zu reflektieren. Außerdem ist heute Neumond. Ein neuer Zyklus beginnt. Abschied als Neuanfang. Der letzte Neumond bescherte mir das eiserne Seepferdchen auf dem pfälzischen Monte Scherbelino. Ich versuche mich zu erinnern, wo ich zu welcher der vergangenen Mondphasen wohl gerade auf meinem Weg war. Aufgebrochen kurz nach Neumond im Juni, dann gab es den cineastisch-fantastischen Vollmondaufgang über dem Rhein in Höhe Oberwinter mit seinem sonderbaren Hotel. Der nächste Zyklus startete mit eben jenem Seepferdchen-Neumond in Frankenthal und vierzehn Nächte später gab es den vollen Mond am Eistobel im Allgäu. Also habe ich beinahe zwei mal den Zyklus vollendet. Auch eine schöne Form der Zeitrechnung: in Monden.

Als ich Bad Tölz erreiche, dauert es gerade mal eine Viertelstunde, bis mein Bus laut Plan an diesem Feiertag kommen soll. So steht es da geschrieben. Ich kann mir zwar kein Eis mehr kaufen, dafür aber den Aufbruch des Tölzer Knabenchores beobachten. Der riesige Tourbus steht nämlich am Nachbargleis. In kräftigen Farben mit fettem Tölzer-Knabenchor-Logo. Sehr cool.
Ideen zu irgendwelchen albernen Fotoschnappschüssen keimen in mir auf, von wegen: Dannheim krabbelt in die Gepäckklappe oder klemmt sich hinten an die Stoßstange, das wäre farblich besonders interessant gewesen.
Ich komme nicht zur Umsetzung, denn eine große Schar gut gelaunter

Lustige Kunst am Wasser

Knaben in schwarzen Hosen, weißen Hemden und ordentlichen schwarzen Schuhen kommt die steile Kopfsteinpflasterstraße zum Quai heruntergeflitzt, gehüpft, getrödelt. Es geht wohl zur nachmittäglichen Konzertreise. Das macht an Mariä Himmelfahrt unbedingt Sinn. Schwups, verschwinden die ordentlich gekleideten Kerle alle im Bus und ich stehe wieder allein an der Haltestelle. Und warte. Die gedachte Ankunfts- und Abfahrtszeit verstreicht.
Ich bin geduldig, kontrolliere den Plan und warte. Feiertag-Nachmittags kann es ja mal zu Verzögerungen kommen. Es ist heiß. Ich denke an die Knaben und ob sie wohl in einem klimatisierten Bus unterwegs sind, und mein Bus kommt nicht. Niemand, den ich fragen kann außer die stechende Sonne, als wollte sie mir hämisch sagen: „Na, kannst du noch nicht einmal mehr den Busfahrplan lesen?!"

Ein Bus mit der Aufschrift „Betriebsfahrt" parkt im Abseits. Ich versuche Kontakt mit dem Menschen hinter der Fahrerscheibe aufzunehmen, aber er will nicht. Ich zwinge mich und mein Hasenherz zur friedfertigen Ausdauer in seinem Sichtbereich.
Irgendwann kurbelt er missmutig das Fenster runter, mustert mich und raunzt mich an: „Ja, was wollen Sie von mir in MEINER PAUSE?" Breites Sächsisch.

Ich bin total getroffen. Fühle mich, wie von der Bäckersfrau in Weil der Stadt als dahergelaufene Landstreicherin abgekanzelt und wozu auch immer degradiert. Ich muss heulen und gehe weg. Suche über mein Handy eine Alternative. Die kostet mich zwar etliche Kilometer zu Fuß zusätzlich, dazu noch eine Zugfahrt und einmal Umsteigen. Ein kleiner, man könnte fast sagen „Flirt" mit einem der Bahnsicherheits-Arbeiter erweckt kurzzeitig Heiterkeit, denn wir begegnen uns zufällig an beiden meiner Umsteige-Bahnhöfe, und er würde mich so gerne mit seinem Auto weiterfahren. Ich will aber nicht. So dauert es halt etwas länger, bis ich in Gmund den Tegernsee seh'.

Zum großen Bootsanleger zu hechten, um das Schiff nach Wiessee zu erreichen, erscheint mir keine Option. Ich stehe also weiter am Bahnhof und warte auf einen weiteren Bus. Der Himmel wird immer dunkler. Zahllose Menschen strömen hektisch vom Seeufer hoch, versammeln sich mit Fahrrädern, Badematte, Schwimmutensilien, Hunden an der Leine und Kindern im Kinderwagen unter dem vergleichsweise kleinen Blech-Vordach.

Da fängt es derart an zu regnen, zu hageln, zu stürmen und zu gewittern, dass glaube ich keiner von uns NICHT bitte sofort von Scotty ins eigene Wohnzimmer gebeamt werden will. Ich überlege gerade, dass es sich wirklich lohnen würde,

Tiefdunkle Gewitterwolken verkünden Donner und Doria in spätestens 45 Minuten

wenn ein Blitz nun in dieses Blechdach einschlüge, unter dem sich so viele Menschen zusammendrängen, da schaut eine Frau neben mir versonnen auf meinen Wanderstab und fragt: „Ist der 1,27 Meter lang." Bitte? „Mein Schamane", fährt sie fort „der sagt, mein Stab sollte 1,27 Meter lang sein. Da bündeln sich die guten Schwingungen optimal."
Und schon ist sie in der unruhigen Menge wieder verschwunden.
Ich sinniere kurz über die optimalen Schwingungen, da kommt die Krönung. Mein Bus nach Wiessee ist es leider nicht, schade. Es ist der Bus nach Schliersee!

Ich gebe es zu, für einen kurzen Moment spiele ich mit dem Gedanken, einfach einzusteigen und diese Tour hiermit ohne letzte Etappe zu beenden. Das bedeutete letzten Endes, abzubrechen. Das lasse ich nicht durchgehen! Dannheimerin, du bist jetzt siebeneinhalb Wochen unterwegs. Durch Regen, Sonne, Hitze, Hagel, Gewitter und Schnee. Jetzt bring es mit Grandezza zu Ende!

Abkürzungs-Angebot abgelehnt

So winke ich dem Schlierseebus hinterher und sitze kurz darauf im jenem nach Wiessee. Gewitter und Regen beruhigen sich, und so komme ich FAST entspannt in meine heutige Unterkunft. Haus Ertle. Sehr schön am Ortsrand gelegen mit prächtigen Blumenkästen an den Balkonen.

Nach der Dusche falle ich völlig erschöpft ins Bett und kippe für eineinhalb Stunden in wilde Träume. Ich ringe mit mir, das Abendprogramm für heute vielleicht ausfallen zulassen, mitsamt Abendessen, und einfach im Bett liegen zu bleiben.

Für den letzten Abend dieser gewaltigen, gewagten und wunderbaren Wanderung kann und will ich mir auch das nicht durchgehen lassen. Raffe mich auf, ziehe mich quasi am eigenen Schopf aus dem Plumeau und wandere ins Dorf, auf der Suche nach einer Wirtschaft, was in Bad Wiessee leider kein so einfaches Unterfangen mehr ist. Ich lande glücklich im zweitletzten Lokal vor Ort, der „Königslinde“. Soviel Noblesse muss zum Schluss schon sein. Außerdem erinnert es mich an die prächtigen Linden in Altenberg, als ich unverhofft meinen ersten Pausentag eingelegt habe und damit das erste Bilanzkapitel dieser Wanderung niedergeschrieben habe.
Der Himmel reißt an ein paar Stellen auf, aber es bleibt irgendwie gewaltig dunkel.

Bei Sonnenschein ist der Biergarten sicher ein Traum. Heute gehe ich lieber rein

Siehe da, die Königslinde ist eine ganz handfeste Wirtschaft mit köstlichen Käsespätzle und leckerem Bier. Ich werde von einer sehr netten Kellnerin bedient und gönne mir zum Schluss, während ich die letzten Zeilen in mein Tagebuch schreibe, einen Haselnussgeist. EINEN, obwohl der so lecker ist, dass ich gern einen zweiten bestellt hätte, aber mit dem Hochprozentigen bin ich sehr vorsichtig.

Zurück in meinem Gästezimmer bin ich zufrieden, satt und froh, dass ich dem Tag, der Tour und mir noch diesen schönen Abschluss vergönnt habe.

Tag 54: Tegernsee – Schliersee – 20 Kilometer + Schiff

So düster und dunkel der gestrige Tag war, so golden begrüßt mich dieser neue. Mir scheint zum Aufwachen tatsächlich die aufgehende Sonne direkt über die mit Petunien bepflanzen Balkonkästen auf mein Kopfkissen und mitten ins Gesicht. Und genau so golden und heiter geht es weiter. Frühstück und Abschied aus Wiessee.

Blendend blumige Aussichten vom Bett aus

Leider habe ich es wieder geschafft, den Fahrplan nicht richtig zu lesen. Ich stehe zum Glück ordentlich vor der Zeit, jedoch am falschen Bootsanleger. Erfahre das noch rechtzeitig von einem sehr charmanten Schifffahrtsmitarbeiter, einem jungen Mann mit angenehm tiefer Bassstimme, von der ich mir nur allzu gern alle An-und Abfahrtszeiten der gesamten Tegernseeflotte vorlesen lassen würde. Aber er schickt mich los: „Sie sind sportlich, Sie schaffen das in fünfzehn Minuten."

Also los geht's! Stock und Hut, stehen ihr gut, ist auch wohlgemut. So sprintet das Fränzchenklein nun hinauf nach Alt Wiessee und wieder hinunter in den richtigen Anleger/Ableger-Ort mit dem passenden Namen „Abwinkeln". Ja, da musste ich also vor der letzten Zielgeraden noch ein letztes Mal abwinkeln, um dann – königinnengleich – als erste und einzige Passagierin das Schiff zu betreten.
Für etwa eine halbe Stunde darf ich dann mitsamt „Lied des Tages" oben an Deck, eben vom Wasser her, überraschend ungewohnte Blicke auf den mir sonst so vertrauten Nachbarsee genießen. „Jetzt fahrn wir übern See, übern See" ohne hölzerne Wurzel, dafür erfahre ich durch die Lautsprecher interessante Dinge zum Land und seinen Leuten.
Die auffallend große Anlage des Klosters und seines „Klosterstüberls" ist weithin sichtbar. Genau dort verlasse ich das Schiff. Bin jetzt in wirklich vertrautem Gelände angekommen. Hier haben wir schon oft eine Wanderung standesgemäß beendet. Heute gehe ich zwar in exakt anderer Richtung als Schlussstein meiner Wanderung. Natürlich nicht, ohne mir zuvor hier im Klosterstüberl ein Weißwurstfrühstück zu kredenzen. Das Zwölfuhrläuten wird diese Wurst am Tegernsee jedenfalls nicht hören. Ein Radler gibt es für die Wandersfrau obendrein. Für den nötigen, letzten Bergaufschwung.

Blick vom Prinzenweg zurück auf den Tegernsee

Der Aufstieg über die Neureuth zur Gindlalm geht sich sehr angenehm. Vielleicht liegt es auch daran, dass ich am Ende des Dorfes noch eine Maria-Schnee-Kapelle besucht und besungen habe. Mit einer Maria-Schnee-Kapelle hat mein Jakobsweg unter segensreichem Einfluss von Bruder Dirk in Beyenburg begonnen, und nun endet es hier mit einer solchen. Ich sehe das als sehr stimmiges Zeichen.

Bei wahrlich strahlender Sonne und nicht EINEM Anzeichen von Gewitter geht es in den kühlen Wald hinauf. Die Luft duftet spätsommerschwer. Ich kann es kaum glauben, dass gestern erst dieses düstere Unwetter an der anderen Uferseite des Tegernsees über uns niederging. Wie gut, dass ich den Bus Richtung Schliersee NICHT genommen habe.

Mein Wendelstein – majestätisch von Wolken umkrönt

Mir kommt das Märchen von Frau Holle in den Sinn. Wäre ich gestern aus dem nachtschwarzen Gewitter abgereist, wäre ich wohl zur „50 Shades of Pechmarie" meiner eigenen Wanderung geschrumpft. So aber jubelt die Goldmarie den Berg hinauf, golden eingehüllt von einer liebevollen Sonne, einem schatten- und duftspendenden Wald, und ich werde, oben angekommen, mit einem fantastischen Blick in „meine" Berge doppelt belohnt. Der Wendelstein empfängt mich majestätisch. Es macht mich so glücklich.

Sehr, sehr langsam realisiere ich, dass ich nun wirklich bald ankommen werde. „Franzi ist dann heim gegangen".

Was für eine Idee, was für ein Titel, was für Verlauf, was für ein Gewinn, was für ein Glück.

Irgendwann sehe ich auf den See, auf meinen Schliersee. Zahllose Schwalben fliegen wilde Figuren knapp über der Seeoberfläche. Das verheißt zwar Schlechtwetter, aber sie sind noch da.

Es ist vollbracht

Danke fürs luftige Willkommen, ich darf jetzt ankommen.

Onkel und Vetter nehmen mich an meinem altangestammten Familien-Sehnsuchts-Ort in Empfang und gehen mit mir die letzten Schritte.

Am Gartentörl wartet der Gatte. Es fühlt sich ein bisschen an, wie Hase und Igel: Fast immer, wenn ich ihn in den vergangenen Wochen getroffen habe, kam Igel-ich zu Fuß irgendwo an, und Hasen-er war eben schon da. Hase, Igel, Schwalbe – alles zu seiner Zeit.

Ich schnalle den Rucksack ab, lasse meine Klamotten fallen und springe von der Badehütte ins Wasser, in den Schliersee. Da bin ich.

Postscriptum: Mein Wanderstab ist 1,33 Meter lang und optimal geschwungen.

Epilog

„Nur wo du zu Fuß warst, bist du auch wirklich gewesen."
Johann Wolfgang von Goethe

Gut zwei Monate sind nun vergangen, seit ich vom Tegernsee über den Prinzenweg ans Schlierseer Ziel gelaufen bin, direkt ein Bad im flaschengrünen Lieblingssee genommen habe, und damit meine tollkühne, wunderbare, durchgeknallte, bereichernde, anstrengende, beglückende, partiell fast nicht für möglich gehaltene Wanderung „franzi geht dann heim" gemeistert habe. Von „abgeschlossen" kann hingegen keine Rede sein.

Vieles wirkt nach, löst sich ein oder auf. Ja, es wird in meinem Lebenslauf einmal rückblickend die Zeit vor 2023 und nach 2023 geben. Klingt vielleicht pathetisch, stört mich aber gar nicht, denn es war wirklich groß, großartig: das Gehen, das Erleben, das Wetter, die Begegnungen, die Erkenntnisse, die Umwege – jetzt aber genug geschwelgt, auf ins Detail. Ich möchte in diesem Resümee gern einen Blick auf die angestoßenen Entwicklungen werfen und kann einläutend einmal mehr mit Nachdruck konstatieren: Alles gehört zum Weg, alles gehört zur Medizin.

Mit dem Zug bin ich also wieder zurück nach Essen gefahren, wollte eigentlich mit dem alten Intercity die schöne Rheinstrecke entlangfahren, um meinen Weg retour zu genießen. Es fand sich aber leider keine passende Verbindung. Schade, hätte gerne mindestens einmal auf Höhe der Loreley gejubelt, vielleicht sogar gejodelt. Nun denn, ein anderes Mal.

In Essen scheint bei meiner Ankunft die Sonne prächtig, als wollte dieser außerordentliche Sommer kein Ende nehmen. Bei einem ersten Spaziergang zurück im Essener Stadtwald treffe ich auf eine jaguargemusterte Riesenraupe, die mir

Mein Findling ...

... und was aus ihm wird

über den Weg krabbelt. Ich denke an Alice im Wunderland und schaue zu Hause nach: Sie wird, wenn alles gut geht, einmal ein „Weinschwärmer". Keine weiteren Fragen.

Am ersten Wochenende steht dann schon mein allererster „Musikalischer Reisebericht" an, für den ich in den vergangenen Tagen noch einmal intensiv durch meine Blogaufzeichnungen gewandert bin, um meine 21 Lieblingsgeschichten genau so vielen Lieblingsliedern zuzuordnen, alles zu straffen und zur vollendeten Form zu feilen. Vollendet wird es wohl nie sein, aber das Format wird schön.

„Kunstbaden" steht auf dem Programm. Eine wunderbare Kultur-Reihe im Grugabad in Essen, initiiert und veranstaltet von Jelena Ivanovic. Was soll ich sagen – es ist ein wunderbarer Sommerabend samt „Lieder Lotto", inklusive entzückender Lotto-Fee, die uns die Stückefolge aus dem Hut herauslost. Genauso, wie ich mir das beim Aufstieg zum Tiefenbacher Eck an Tag 42 erdacht habe. Alle, die wir „per Anhalter durch die Galaxis" gereist sind, wissen, dass 42 die Antwort auf alle Fragen ist. Ich genieße es so sehr, wirklich ungeschönt, offen und ehrlich von meiner Reise, der inneren, wie der äußeren, zu berichten, Fragen zu beantworten und vielleicht die eine oder andere Reise-Idee beim Publikum anzuregen.

Kunst & Baden – mit Ukulele & Rettungsring

Essen zeigt sich zu meinem 30-jährigen Jubiläum in dieser Stadt von seiner schönsten Seite. Ich bin in diesen Spätsommertagen so oft im Freibad, wie in den letzten 20 Jahren nicht. Mit dem Fahrrädchen kurve ich durch den Grugapark, sitze in der Lieblings-Eisdiele und besuche im Kunsthaus eine berührende Ausstellung. Die Krönung jenes Wochenendes ist das Theaterfest im Grillo Theater, das heute „Neues deutsches Theater" heißt. Sehr geehrter Herr Grillo, wegen des ursprünglich nach Ihnen benannten Theaters bin ich vor 30 Jahren in diese Stadt gezogen. Dreißig!
Und ich dachte anfangs: Mehr als zwei Jahre werden das für mich sicher nicht.

Genau jetzt, in diesem Spätsommer will mir die „Ruhrmetropole“ zeigen: Ist doch schön hier!
In der Stadt, am Stadtrand-Land und auch am Fluss, wo die Tour einst begann: über dem Baldeneysee. Er ist eigentlich kein richtiger See, sondern die gestaute Ruhr. Und die entspringt, wie jeder Fluss, jeder Bach, jede Idee: einer Quelle.
Es kann kein Zufall sein, dass ich eines schönen und sonnigen Sonntagnachmittags im September gerade auf der Rückreise von einem Familientreffen, der schieren Freude wegen die Landstraßen-Alternative entlang gondelnd, an einem Schild vorbei fahre – ja, im ersten Moment völlig überrascht wirklich vorbei fahre, auf dem steht: Ruhrquelle. Ist es denn die Möglichkeit?

Von hier fließt sie in Richtung Baldeneysee und weiter zum Rhein

Ich drehe um und verfolge vom Parkplatz aus dieses zarte Bächlein bis hin zum Rinnsal, das sich eher müde über den Spaziergängerweg schlängelt, bis hin zu ihrem steinern eingefassten, offiziellen Ursprung. Liebe Ruhr, kann es sein, dass du mir nach 30 Jahren sagen willst, dass der Weg von A nach B vielleicht auch mal zurück zur Quelle, also auf Los bedeutet? Nicht nur deine Wege sind manchmal unergründlich.

Zu Beginn meiner Planung hatte ich den Bergischen Weg anvisiert, da er mir landschaftlich reizvoller erschien als die Jakobs-Route. Nach langem Abwägen und Abmessen der verschlungenen Wege und der damit einhergehend vielen Kilometer habe ich mich dann doch entschieden, den „Bergischen" nur als Einstieg der ersten drei Etappen zu nehmen, um dann auf den „Jakob" umzusteigen. Ganz einfach um „Strecke zu machen", da die Jakobswege generell immer eher die Diretissima nehmen, statt pittoresk die Gegend zu durchkurven.
Es hat mich aber irgendwie arg geschmerzt, somit eben nicht über den Drachenfels hinunter zum Rhein zu steigen. Drachenthemen begleiten mich seit einiger Zeit und tauchten auch auf der Wanderung immer wieder auf.

Welch glückliche Fügung hat uns jetzt einen Besuch eben am Drachenfels beschert. Bei herrlichem Altweiber-Sommer-Wetter kredenzt er mir überraschend „Wagner de luxe" in der Nibelungen Halle. Viele Motive aus Wagners Opern lassen sich hier in prachtvoll schwülstiger Jugendstil-Manier bewundern.

Architektur und Bilderwucht einem Wagner würdig und wenig dezent

Das lässt mich an Schloss Linderhof zurückdenken und an die Venus-Grotte, für die König Ludwig II in seiner unbändigen Wagner-Verehrung einst das erste Elektrizitätskraftwerk hat bauen lassen, nur um ungestört in der eigenen Grotte betörende Farbspiele zwischen schummerblau und schimmerrot zu genießen – ein verrückter Kerl, der Ludwig! Der Wagner aber auch, wagalaweia!

Zurück zum Rhein, mit oder ohne Gold. Ich stehe nun sehr hoch oben auf dem Drachenfels und schaute tief hinunter ins breite Tal Richtung Rolandsbogen. Das bin ich alles gelaufen. Dieses schöne Land habe ich per pedem erkundet. Tränen fließen – jetzt wieder Richtung Nordsee.
„O lieb o lieb, solang du lieben kannst." Danke, Ferdinand Freiligrath.

Rheintal mit Rolandsbogen

Nichtsdestotrotz geht es nach knapp drei Wochen NRW-Aufenthalt für mich noch einmal an den Schliersee. Ein paar Fragen sind noch offen, ein paar Schlaufen noch nicht geschlossen.

Es ist bereits dunkel, als ich ankomme, und der Schliersee-typische Sternenhimmel zeigt sich in seiner vollsten Pracht. Neumond sei Dank ist dieses Firmament so glasklar und strahlend, dass ich neben der kleinteiligen Milchstraße sogar mein neues Sternbild des Jahres finden darf, den Adler. Er steht recht nah bei meinem Favoriten-Sternbild, dem Schwan. Schwan & Adler, mehr brauche ich eigentlich nicht. Schon jetzt ist alles wunderbar.

Es geht aber grad so weiter: Der See ist mit seinen 21 Grad noch herrlich badewarm, Mitte September. Natürlich wird jeden Morgen ausgiebig bis auf die Höhe vom Café Kögel an der Ost-Ufer-Seite geschwommen.
Zur Krönung – inhaltlich, wie handwerklich, wie körperlich – darf ich mit meinen beiden Vettern die Dachgiebel der Badehütte erneuern. Den Dachschaden reparieren. Vier Beine kühn auf zwei Leitern quasi über dem See balancierend. Jetzt ist wieder alles dicht. Dank duftendem Lärchenholz. Mache aus dem „Ä" ein „E" und lasse sie tirilierend über den See gleiten. Anstelle der Schwalben. Die sind jetzt wirklich „furt". Mariä Geburt ist aber auch schon lange vorbei.

Natürlich wird dieser Tage auch, wie versprochen, meinem „Apu", dem Wendelstein, ein Besuch abgestattet. Es fühlt sich ein bisschen wie eine letzte Nachprüfung an: Wieder einmal lese ich den Busfahrplan, der mir die ersten acht Kilometer ersparen soll, falsch und kann eben jenem nur hinterherwinken. Es ist leider der einzige an diesem Tag. Also beschließt das Fränzchenklein, die Pilgeraufforderung erstmal wohlgemut anzunehmen. Im Rucksack ist neben Medizinbündel auch genügend Wasser in der Flasche. Denn es ist warm heute, möchte fast sagen: heiß.
Ich suche mir die schattigste Route am überwaldeten Bachlauf entlang aus. Kühl und kühn denke ich mir: „Meine Tour, meine Regeln: Jetzt wird die Seilbahn genommen, jawoll."

So kann ich mir, oben angekommen, völlig unangestrengt einen ausgiebigen Rundgang gönnen. Dieser Berg hat es wirklich in sich, nicht nur für mich. Neben Wetterstation und Sternobservatorium, höchstgelegener Kapelle und Urzeithöhle gibt es hier so viel zu bewundern. Und wenn man weiß, dass hier, genau hier einst zwei unterschiedliche Tektonikplatten sich gegeneinander aufgetürmt haben, was man an den verschiedenen Steinwänden und ihrem unterschiedlichen Zerbröseln erkennen kann, dann ist es wirklich kein Wunder, dass dieser Berg vor Kraft nur so strotzt. „Apu" werden diese „Beschützer-Berge" von den peruanischen Medizin-Frauen und Pacos genannt und um ihren väterlichen Schutz gebeten. Wie gerne breite ich hier oben in einer von Latschen geschützten Nische mein Medizinbündel aus, lasse alles von der kräftigen Herbstsonne bescheinen und übergebe Mutter Natur und Vater Berg ein paar mitgebrachte Dankesgaben.

Wieder unten im Tal angekommen, nimmt die „öffentliche Verkehrs-Verpassung" ihren konsequenten Lauf. Der Zug, die BOB, kommt nicht. Macht nichts. Direkt neben dem Gleisgelände hat die Gemeinde ein Kneipp-Becken, eine regelrechte Kneipp-Anlage errichtet. Und so kommt es, dass etwa ein Dutzend wartender

Mit Franz am Herzen und Kneipp zu Füßen bestens gesegnet

Zuggäste im fröhlichen Gänsemarsch, besser „Storchen-Staks“ Rund um Rund im Becken dreht. Unterschiedliche Gespräche entspinnen sich, bei gut gekühlten Füßen. Eine Frau schaut versonnen auf mein Franziskus-Kreuz, das ich natürlich zum wohlgelingenden Abschluss trage, und fragt: „Bist du auch Franziskanerin?“
Nach kurzem Innehalten antworte ich aus tiefstem Herzen und mit einem Lächeln: „Ja.“

Wer aufmerksam gelesen hat, erinnert sich vielleicht an die Episode am Walchensee.
Da wollte die Dannheimerin partout in der kleinen Kapelle des „Klösterls“ singen und hatte die bemerkenswerte Begegnung mit dem Hausmeister dieses heute als Jugendbildungsstätte genutzten Kloster-Kleinods, Michael Harzenetter. Der hörte damals in der Kapelle aufmerksam zu und brachte den balsamischen Satz: „Magst hierher ziehen? Mir fehlt ein Sopran.“
Genau der richtige Kommentar zur richtigen Zeit, wo ich doch gerade beschlossen hatte, nur noch in Kirchen singen zu wollen. Daraus entwuchs direkt die Idee, ich könnte doch im September zum Musikalischen Spaziergang wieder nach Walchensee kommen und eine der fünf Kirchen „bespielen“.

Was für ein wunderbarer Anlass, meine kleine Magdalenen-Messe nun mit dem Sonnengesang des Franz von Assisi zu verbinden. Genauer gesagt mit meiner Adaption des Franz’schen Sonnengesangs:

Sonnen-Magie am Walchensee

Höchste, allmächtige, gute Schöpferkraft, dein sind das Lob, die Herrlichkeit und Ehre und jeglicher Segen. Dir allein gebühren sie, und kein Mensch ist würdig, dich zu nennen.

Gelobt seist du, mit allen deinen Geschöpfen, zumal dem Herrn Bruder Sonne, welcher der Tag ist und durch den du uns leuchtest. Und schön ist er und strahlend mit großem Glanz:

Von dir, Höchster, ein Sinnbild.

Gelobt seist du durch Schwester Mond und die Sterne; am Himmel hast du sie gebildet, klar und kostbar und schön.

Gelobt seist du durch Bruder Wind und durch Luft und Wolken und heiteres und jegliches Wetter, durch das du deinen Geschöpfen Unterhalt gibst.

Gelobt seist du durch Schwester Wasser, gar nützlich ist es und demütig und kostbar und keusch.

Gelobt seist du durch Bruder Feuer, durch das du die Nacht erleuchtest; und schön ist es und fröhlich und kraftvoll und stark.

Gelobt seist du durch unsere Schwester, Mutter Erde, die uns erhält und lenkt und vielfältige Früchte hervorbringt und bunte Blumen und Kräuter.

Gelobt seist du durch jene, die verzeihen um deiner Liebe willen und Krankheit ertragen und Drangsal. Selig jene, die solches ertragen in Frieden, denn von dir werden sie gekrönt.

Gelobt seist du durch unsere Schwester, den leiblichen Tod; ihr kann kein Mensch lebend entrinnen. Wehe jenen, die in tödlicher Sünde sterben. Selig jene, die sie findet in deinem heiligsten Willen, denn der zweite Tod wird ihnen kein Leid antun.

Lobt und preist die Schöpferkraft und dankt ihr und dient ihr mit großer Demut.

Dass ich dem Heiligen Franz beim Heiligen Ulrich am Weg des Heiligen Jakob gedacht habe, ist würdig und sehr recht mitsamt meiner Messe für Maria Magdalena. Ihr Gedenktag ist übrigens der 22. Juli. Dazu gibt es auch eine Bauenregel: „Regnet's am Sankt Magdalentag, folgt gewiss mehr Regen nach".
Genau an diesem einen Tag regnete es auf meiner Tour nicht. Das lag aber vielleicht auch daran, dass ich am 22. Juli gerade den orangefarbenen Kaugummiautomat an der Kirchmauer des Heiligen Michael in Entringen bewundert habe.

Und wo wir schon bei den Heiligen sind, schließe ich hier noch eine Schlaufe mit meiner Madonna aus Oberammergau: Genau einen Tag vor dem Walchensee-Ereignis im August war ich am frühen Morgen in Oberammergau aufgebrochen und an einer der zahlreichen Holzbildhauerwerkstätten vorbei gewandert. Natürlich lange vor Ladenöffnung, aber mein Blick fiel in den kleinen Schaukasten. Ich kann wirklich nicht sagen warum, aber diese eine Madonna, schlank und lang, eher Art Deco als Alpenland – sie und ich, das sollte irgendwie so sein.
Habe mich an sie erinnert und daran, dass ich die Telefonnummer und Kontakt abfotografiert hatte. Nach kurzer Recherche stand also ein Besuch im „Kloana Laden" von Martin Müller an: Ob sie aber über Oberammergau oder aber über Unterammergau, oder ob sie überhaupt hinkommt, sell isch ganz g'wiss.

Jetzt behütet die Madonna all meine kostbaren Mitbringsel

Viele Schlaufen oder Loops sind nun geschlossen. Von manchen wusste ich zuvor gar nicht, dass sie offen waren, oder dass da überhaupt Loops waren. Ich denke an den Ouroborus, die gerundete Schlange, die sich selbst in den Schwanz beißt und zum perfekten Kreis vollendet. Danke. In allen Zellen, zwischen allen Synapsen, in all den Knöchelchen und Fasern glimmt die Freude, dass ich dieses wunderschöne Land mit meinen Füßen erkundet habe. Jeder Schritt eine kleine Dankesmassage an Mutter Erde. Danke, dass ich die Reise geschafft habe, aber auch für mein

Tante Cläres Gemälde

Leben, mein profanes Alltagsleben, zum Teil auch Stadtleben, in das ich schrittweise zurückkehre. Ein Leben mit einer wunderbaren Familie, in einem freien Land, in einer schönen Wohnung mit sicherem Dach über dem Kopf. Ich denke an die Begegnung an Tag 34 mit der Frau an der Lauter, mir fällt auch das Entenidyll wieder ein und schwups – gibt es den Motiv-Abgleich.

Zurück nach Essen: Seit einigen Jahren engagiere ich mich für die CSE, Caritas und Sozialer Dienst Katholischer Frauen in Essen. Für unterschiedliche Projekte zur Unterstützung von Frauen in Notlagen sammle ich während meiner Konzertauftritte Spendengelder. So auch in diesem Herbst. Durch die Erfahrungen während meiner Wanderschaft, eben auch mit der tüchtigen schwäbischen Bäckersfrau in Weil der Stadt an Tag 27, hat sich mein Engagement mit noch tieferem Mitgefühl verbunden – mehr noch: Demut und Entschlossenheit. Vielleicht liegt es auch am Namen: Weil der Stadt. Ich lieber Land. Bitte in Sicherheit.

Apropos Land. Bergisches Land. Zurück in NRW habe ich Bruder Dirk einen Besuch in seinem schönen Kloster Beyenburg abgestattet. Von Herzen habe ich mich für all die guten Ratschläge und singstiftenden Impulse bedankt, das Taokreuz am Herzen, versteht sich. Selbstverständlich werde ich bei passender Gelegenheit zu einem Gottesdienst in seiner wunderschönen, der Maria Magdalena geweihten Kirche singen, gerne meine Magdalenen-Messe mit Franz und Franzis Sonnengesang.

Priorität und Position, all diese Fragen einer Prozessions-Spinnerin haben über die letzten Wochen und Monate wohl dazu geführt, unumwundener aufs Wesentliche zu kommen: „Tu, was du willst und tu es JETZT."
Die ersten vier dieser acht Worte sind der Unendlichen Geschichte von Michael Ende entlehnt. Sie stehen auf dem magischen Medaillon „Auryn", das Bastian von der Kindlichen Kaiserin erhält, um Fantasien zu retten.

Auf seiner abenteuerlichen Reise lernt er, dass diese nicht etwa bedeuten „Mach einfach, was dir Spaß macht", sondern „Finde heraus, was dir wirklich wichtig ist und übernimm die Verantwortung – für dich UND die anderen."

Vor 42 Jahren von Bernhard Münzenmayer in mein Poesiealbum gemalt

Damit sind wir schon fast bei Immanuel Kants Kategorischem Imperativ: „Handle so, dass die Maxime deines Willens jederzeit zugleich als Prinzip einer allgemeinen Gesetzgebung gelten könne."

„Tu was Du willst" ist also ein wunderbarer Kompass. Bin ich auf „meinem Weg", ganz gemäß meiner Begabungen, Fähigkeiten und Vorlieben? Welche sind das überhaupt? Hier taucht sie unweigerlich wieder auf, die Frage: Wer bin ich eigentlich? Wer könnte ich in diesem Leben vielleicht noch sein? Also tu es JETZT. So lauten die letzten vier Worte meiner oben genannten Wesentlichkeits-Definition. Denn keiner weiß, wie lange es noch geht, wie lange ich noch gehe.

Schreiben ist da eine wunderbare Richtschnur, manchmal sogar Hebamme: Im Schreiben treten Zusammenhänge oder Gedanken ans Tageslicht, verifizieren sich in Schrift und werden Wirklichkeit. Und das kann dauern. Tage, Wochen, Monate, vielleicht sogar Jahre, bis ich all diese Eindrücke verarbeitet habe.

Die Schwalben sind jetzt fort und der Sommer ist es auch bald. Das zeigt die eine Pflanzenschwester ganz unerbittlich und unmissverständlich an: die Herbstzeitlose.

Pünktlich zum kalendarischen Herbstbeginn blitzt sie aus der Wiese hervor. Sie ist ein wahrlich widerspenstiges Wesen. Wenn alle anderen sich langsam verabschieden, legt sie mit der Blüte erst los, um dann nach dem Winter ihre gammelgrünen Blätter zu zeigen. Und sie zeigt noch etwas:
Ab jetzt werden die Tage wieder kürzer als die Nächte.

Die Herbstzeitlose – unverblümt verkündet sie die dunkle Jahreshälfte

Früher rieben sich die Frauen mit der ersten Herbstzeitlosen die Finger ein, auf dass sie in der nun beginnenden Winterzeit beim Spinnen nicht rissig würden. Mir fällt prompt ein, dass ich zur, um oder der Herbstzeitlosen wegen vor genau zwölf Jahren einen Mehrzeiler geschrieben habe. Zuerst erscheinen in meinem Gedächtnis-Kästchen nur „… die Metamorphosen der Herbstzeitlosen …". Erst zu Hause krame ich in den Tiefen meiner Schreibsammlungen und finde es tatsächlich. Ich entdecke dabei, dass es wirklich genau zwölf Jahre her ist. Zwölf ist die Zahl der Fülle und bedeutet auch das Vollenden eines Zyklus. Mir wird selbst ein bisschen schwummrig bei soviel Tiefsinn. Finde, dass diese Worte von 2011 jetzt sehr gut passen:

„Eine Art Nachruf

als Versuch

Form zu finden

für was längst verloren.

Traumgeboren.

Begreifen

in Schrift. Da reifen

die Metamorphosen

der Herbstzeitlosen,

die sich den Jahreszeiten widersetzt:

Jetzt

ist gut!"

NOTA BENE zum Namen. Jeder kennt es: Man kommt neu in eine Runde oder meldet sich telefonisch irgendwo an und dann kommt die Frage: „Ihr Nachname, bitte?" Viele haben sich aus mehr oder weniger zwingendem Grund eine kleine „Erklärbrücke" zum Buchstabieren des eigenen Namens zugelegt. Meine war lange Zeit: „Wie die Stadt Mannheim, zu Beginn mit Dora!"
Hat eigentlich immer gut funktioniert. Nun habe ich die Stadt Mannheim auf meiner Wanderung ja bewusst ausgelassen, also mit dem Bus großräumig umfahren. So ist jetzt der Zeitpunkt gekommen, die Erklärbrücke meines Vaters zu übernehmen. Er sagte immer: „Dannheim, wie: Ich komme dann heim". Er betonte, das klänge wärmer als „Ich gehe dann heim".

Oder, um es mit den Worten von Novalis zum guten Ende zu bringen:

„Wo gehen wir denn hin? Immer nach Hause."

Anhang

Straßennamen & Ortsschilder

Außerhalb 5
50 m

Am Bürzel
Matthias-Erzberger-Straße

4
Vierseenblick
Hexentanzplatz
Steinigbachtal

Schissergässchen

HUNGERHALDEWEG
HW 5

Texwindisstraße

H100
Auf dem Nippes

Blumen & Kräuter von A bis Z

Königskerze
Mutterkraut
Mädesüß
Natternkopf
Odermenning
Sanikel
Scabiose
Schafgarbe
Springkraut
Schlafapfel
Steinklee
Storchenschnabel
Tollkirsche
Walderdbeeren
Waldmeister
Wasserdost
Wegwarte
Wiesensalbei
Wilde Möhre
Zaunrübe

Meine Liedersammlung

- Ave Maria – Text / Musik: Luigi Luzzi
- Agnus Dei – Text / Musik: Franziska Dannheim
- Historia de un amor – Text / Musik: Carlos Eleta Almarán
- Picking flowers – Text / Musik: Franziska Dannheim
- Moon River – Text: Johnny Mercer / Musik: Henry Mancini
- O lieb, O lieb – Text: Ferdinand Freiligrath / Musik: Franz Liszt
- Erzherzog Johann Jodler – Text: Anton Schosser / Musik: Tirol
- Ombra mai fu – Text: Nicolò Minato / Musik: Georg Friedrich Händel
- Am leuchtenden Sommermorgen – Text: Heinrich Heine / Musik: Robert Schumann
- O Täler weit, O Höhen – Text: J. von Eichendorff / Musik: F. Mendelssohn-Bartholdy
- Mein Gehbot – Text / Musik: Franziska Dannheim
- Chiquilin de bachin – Text: Horacio Ferrer / Musik: Astor Piazzolla
- Sanctus, aus Magdalenen-Messe – Text: – / Musik: Franziska Dannheim
- Le temps perdu – Text: Carla Bruni / Musik: Carla Bruni
- Flow gently sweet Afton – Text: Robert Burns / Musik: Franziska Dannheim
- Crying in the chapel – Text / Musik: Charles Artice Glenn
- Das Neuschwanstein-Lied – Text: Johann B. Westermair / Musik: Josef S. Doisl
- Sympathique – Text: China Forbes / Musik: Thomas Lauderdale
- Abendsegen – Text / Musik: Engelbert Humperdinck, Hänsel und Gretel
- I mousikí – Text / Musik Themis Adamantidis
- Credo, Minas Sommer – Text / Musik: Franziska Dannheim

Meine Material-Empfehlungen

Ich bin immer wieder nach Tipps zur Ausrüstung gefragt worden. Also schreibe ich hier meine höchstpersönliche Erfahrung nieder, völlig bar jeglichen Anspruchs auf Vollständigkeit, Allgemeingültigkeit und wissenschaftlichem oder kommerziellem Hintergrund.

- Stiefel: Hanwag, außen UND innen Leder (Yakleder)
- Sandalen: wasserfest, auch als Hüttenschuh oder beim Duschen, oder als Regen-Alternative
- Socken: 3 Paar – Wollmix von Falke
- Unterwäsche: 2 Sets – Wollmix von Icebreaker
- Shirts: 2 kurz, 1 langärmelig – Wollmix von Schöffel
- Strickjacke oder Fleecejacke
- Softshelljacke
- Lange Hose OHNE Reißverschluss, die Naht zwickt beim Steigen
- Kurze Hose oder Rock
- Regenjacke, dünn
- Regencape – ja beides. So bleibt auch der gesamte Rucksack-Inhalt selbst bei Dauerregen trocken, z.B. SEA TO SUMMIT, Ultra-Sil Nano 15D Tarp-Poncho
- Regenhose
- Hut, vom Großvater & Stirnband, Mütze, Handschuhe – Schnee kommt am Berg schnell
- Rucksack von Osprey (nicht nur wegen des Adler-Logos)
- ca. 4 Meter Schnur = Wäscheleine + 5 Wäscheklammern
- Hüfttasche für Portemonnaie, Taschenmesser, Notizheft, Sonnenbrille, Trinkflasche, z. B Tatonka
- Taschenmesser (Victorinox Huntsman Wood) mit Hülle
- Vesperbox: dann reichen Frühstück & Abendessen, weil immer genug fürs Tagesvesper übrig bleibt, z. B. Eco Brotbox
- 3 Wasserflaschen: 2x 800 ml in beiden Rucksack-Seitentaschen, 1x 500 ml vorne an der Hüfttasche
- Stöcke versus Stab: Ich bin selig mit Stab, egal ob Matsch, Kuh-Respekt, Auf- oder Abstieg
- Schlafsack: Ich mag Naturmaterialien, gerne recycelt.
- Sonnenbrille mit Übergang, damit man unter der Hutkrempe die Bodenbeschaffenheit gut sieht, z.B. Ray-Ban „Erika“- so habe ich namentlich auch eine meiner Tanten mit dabei
- Sonnencreme – ich und mein Vitiligo, wir brauchen 50er-Schutz

- Kleines Mikrofaser-Handtuch am Rucksackgurt – fürs Schwitzen beim Laufen
- Mittleres Mikrofaser-Handtuch fürs Duschen
- Waschbeutel mit Kosmetik, Medikamenten und Seife für die Handwäsche (dringend reduzierbar)
- Schuhputzbürste und Imprägnier-Zeug – nur auf langer Strecke nötig
- Kerze & Streichhölzer

Ukulele vom Zupfinstrumentenmachermeister Thorsten Sven Lietz, *lietzguitars.de*
Alpaca-Strickjacke von Mariela Aucaccusi, *ricchariyperu.com*
Wander-Emblem von der Illustratorin Karolina Golightly, *kingbirdillustration.com*
Ledertasche fürs Taschenmesser vom Sattler Jakob Pauli, *jakobpauli.de*

Danksagung

Meiner Familie möchte ich von Herzen danken, dass sie nicht nur die Idee unterstützt, sondern mich auf der Wanderung auch begleitet hat. Sei es der Besuch des Gatten mit Wohnmobil für ein paar Nacht-Stationen oder das (nahezu) tägliche Morgen-Telefonat mit meiner Mutter mit dem erklärten Ziel, uns gegenseitig mindestens einmal zum Lachen zu bringen – auf schwäbisch. Oder die herzigen und bestärkenden Kurznachrichten meiner Söhne. Meinem Onkel Diedrich danke ich fürs erste, sehr einfühlsam penible und persönliche Lektorat und Korrektorat; Stefan Loeffler, der mir vom ersten Blog-Artikel an bestärkenden Zuspruch gab und schließlich maßgeblich und erfolgreich bei der Verlagssuche zur Tat schritt; meinen Verlegern Christine und Andreas Walter, die mir und dem Projekt von Anfang an soviel persönliches Engagement, Verständnis und Geduld widmen. Es gibt so etwas wie die Wander-Ideen-Geburtsstunde zur Tour, nämlich einen intensiven Austausch mit Iris Wangermann, der ich als quasi Hebamme und Initial-Begleiterin herzlich danken möchte. Weiterer Dank geht an

Mariela Auccacusi für die weiche Alpaka-Strickjacke; Thorsten Sven Lietz für die bezaubernde Ukuleke; Karolina Golightly für das wunderschöne Emblem; Jacob Pauli für die exakt passgenaue Taschenmesserhülle; Alexa Szeli für den hölzernen Talisman; Kathrin Nietzsche für Stricksocken und Beinwell-Salbe; Tatjana Clasing & Thomas Goritzki für die motivierende kirschrote Kappe; Bruder Dirk für Inspiration und Taokreuz; Ute Bellinghausen für den Dupoirit

(auch Take-it-easy Stein genannt); Steffi Lahr-Felzer für den Jaguar-Stein und das Naturbad-Frühstück in Bingen; Angelika Bitthöfer für den handgearbeiteten Handschmeichler; Birgit Schiffmann für das grüne Glücksbringer-Armband; Tanja Deutsch für die herzliche Versorgung, nicht nur mit veganen Landjägern in Pforzelona; meine Freundin Lena für „unser" Lied – etwa im gleichen Jahr in mein Leben gekommen, wie Bernhard Münzenmayers „Auryn"-Inspiration; außerdem der ehrenamtlichen „Liebenfrau" Ev von Oberwesel, Frau Brunhild Ackva-Geil in Monzernheim und Michael Harzenetter am Walchensee für die Sing-Bestärkung. All den namentlich mir nicht bekannten Engeln vom Wegesrand, wie dem kompetenten Schuhverkäufer im Globetrotter in Köln, der Verkäuferin in Andernach, der Selbstversorgergärtnerin aus Leutkirch. Ich könnte mich noch für unzählige, nachhaltig wirkende Begegnungen hier bedanken. Ganz sicher habe ich wichtige Personen vergessen und das tut mir jetzt schon leid.

So danke ich – für heute ein letztes Mal – allen, die meine Tour, allein die Idee, meinen Blog, meine Posts und die Entstehung dieses Buches so aufmerksam und wohlwollend verfolgt haben, die mich begleitet, versorgt und erheitert haben. Diese Unterstützung hat mich ein gutes Stück der tausend Kilometer getragen und lässt mich selig in der Verarbeitung schwelgen. Gedenke Ge(h)bot Nummer 10: „Dein Weg endet nie". franzi ist froh.

Vita

Wander-Emblem von Karolina Golightly

Franziska Dannheim wurde 1970 in Tübingen geboren. Sie studierte klassischen Gesang bei Yukako Kinoya in Stuttgart und setzte ihre Ausbildung in Essen bei Anita Salta fort. Ab 1998 gastierte sie mit dem Tango-Quintett „Primavera del Tango“ und sang die Titelpartie in Astor Piazzollas Tango-Oper „Maria de Buenos Aires“ in der deutschen Erstaufführung. 2000 gründete sie mit Carmela De Feo das Musik-Comedy-Duo „Coco-lorez“, beide gewannen den Bochumer Kleinkunstpreis 2000. Ab 2006 wandte sich die vielseitig interessierte Sängerin wieder der Klassik zu; dabei ist die „Oper légère" als eingetragenes Format bis heute das Herzstück ihres Schaffens. Seit 2010 präsentiert sie in loser Folge Programme, wie „Que sera, die famose Welt der Doris Day“, oder „Whitney - ein Schwanengesang“, aber auch zu Friedrich Hölderlin oder Goethes Märchen von der Schlange, allesamt musikalisch gerahmt. Es ist ihr großes Anliegen, die Grenzen von „E- und U-Musik“ zu überwinden, zugunsten von Harmonie und Schönklang. Dies kennzeichnet auch die eigenen Song-Projekte, wie „franza & die lemonairs“ und „Sound of Leichtsinn“ mit Jazz- und Pop-Musikern wie Marcus Schinkel, Tim Isfort und Volker Kamp oder ihr aktuelles Projekt „Das gute Stündchen“ mit dem Gitarristen Carsten Linck, in dem sie eine eigene Klangwelt zwischen Vivaldi und Supertramp, Charles Aznavour und Schubert kreieren.

Seit 2010 widmet sich die unermüdliche Kreative, die sich selbst gern als „naturverbundene Multidilettantin“ bezeichnet, vermehrt und mit wachsender Begeisterung dem Schreiben. Dabei verbindet und verwebt sie ihre Liebe zu „Wort & Sang“ immer weiter und engagiert sich daneben als Freie Trauerrednerin sowie als Kräuterkundige auf „Franzis Krautschau“.

Franziska Dannheim veröffentlichte bisher folgende Bücher:

2011	Lyrikband „Lemonarien“, Verlag kawe8
2014	Drama „Akte 7 - Anatomie des Übels", chiliverlag
2017	Roman mit Musik auf CD „Minas Sommer, eine Etüde in Leichtsinn“
2021	Blog „Franziska Dannheim“ auf www.franziska-dannheim.de
2022	Kinderbuch mit Musik „Rospin bleibt daheim“ Musikvertrieb über die digitale Hörboutique Ohrenflausen

Mehr Informationen unter *www.franziska-dannheim.de*